Erschienen im Jubiläumsjahr 1987
bei Klett-Cotta

Hartmut von Hentig

»Humanisierung« – eine verschämte Rückkehr zur Pädagogik?

Andere Wege zur Veränderung der Schule

Klett-Cotta

CIP-Kurztitelaufnahme der Deutschen Bibliothek
Hentig, Hartmut von:
„Humanisierung“ – eine verschämte Rückkehr zur Pädagogik?
Andere Wege zur Veränderung d. Schule / Hartmut von Hentig.
– 1. Aufl. – Stuttgart : Klett-Cotta, 1987.
ISBN 3-608-93122-8

Verlagsgemeinschaft Ernst Klett Verlag – J. G. Cotta'sche Buchhandlung

Printed in Germany
Umschlag: Klett-Cotta-Design
Satz und Druck: Firma Mühlberger, Augsburg

Mit diesem Buch will ich den
Sozialpädagogen Martin Bonhoeffer ehren

Das Wort Humanisierung kommt heute oft in Verbindung mit Schule vor. Schon das kann Verdacht erregen: Wie inhuman ist die Schule wirklich? Wie inhuman kann sie unter unseren Augen geworden sein? Wie inhuman war sie, ohne daß wir es angeprangert und geändert hätten? Der Verdacht gegen die Emphase, mit der die Unmenschlichkeit der Schule entdeckt und aufgedeckt wird, steigert sich, wenn man wahrnimmt, daß von der Humanisierung vornehmlich diejenigen reden, die als Reformer, Progressive, Gewerkschaftler und Sozialisten vor zwei Jahrzehnten die Politisierung der Schule gefordert haben. Wie inhuman *soll* die Schule erscheinen, damit die Reform weitergehen kann und muß?

Die Formulierung meines Themas verrät meine Hypothese zu der offenkundig vor sich gehenden Wandlung. Es ist eine hoffnungsvolle Hypothese: daß sich unter der bedenklich pathetischen Parole eine nüchterne, realistische, auf den Auftrag der Schule gerichtete Wendung vollzieht. Diese Hypothese will ich im ersten Teil meiner Schrift begründen, also über Geschick und Geschichte der Schulreform in der Bundesrepublik Deutschland während der letzten zwanzig Jahre nachdenken und damit den oben geäußerten Verdacht beseitigen. In einem zweiten Teil will ich zu sagen versuchen, was es heißt, „humane Schule“ zu halten.

I.

Wenn *ich* heute über die „humane“ Schule spreche – und wie man sie politisch und praktisch verwirklicht –, dann tue ich gut, Bezug und Abstand zu einem Buch herzustellen, das ich vor zehn Jahren unter dem Titel „Was ist eine humane Schule?“ veröffentlicht habe. Da steht das Wort schon. Was hat es zu bedeuten, wenn ich es heute – kritisch – wieder aufnehme? Wende ich mich einer unerfüllten Forderung zu (um sie zu stärken) oder einer ohnmächtigen Formel (um sie abzulegen) oder einer gewandelten Bedeutung (um diesen Wandel zu begründen)?

Das genannte Buch stellte seinerseits Bezug und Abstand zu dem wiederum zehn Jahre vorher – 1966 – geschriebenen (1968 publizierten) Buch „Systemzwang und Selbstbestimmung“ her. Der Kerngedanke dieses Buches war: Das Ideal unserer Kultur – die Freiheit des einzelnen in einer aufgeklärten und gerechten Gesellschaft – ist durch den Systemcharakter der heutigen Zivilisation gründlich in Frage gestellt. Wenn wir uns gegen die unheilvollen ökonomischen, sozialen, technischen Determinierungen behaupten und uns zu Herren der Entwicklung machen wollen, dann müssen wir uns geistig, seelisch und körperlich anders ausrüsten. Was davon – und wie – in Schulen geschehen könne und was nicht, war Gegenstand des Buches, das den Untertitel trug: über die Bedingungen der Gesamtschule in der Industriegesellschaft. „Gesamtschule“ hieß in erster Linie die Verneinung des bestehenden dreigliedrigen Schulsystems, die Verneinung der schon in ihrer Trennung erkennbaren verengten, unpädagogischen und unzeitgemäßen Begründung unserer Schulen, die Verneinung der traditionellen Idee von Schule überhaupt als einen Ort vornehmlich der Belehrung. Auf der fünften Seite dieses Buchs war freilich auch zu lesen, daß die Gesamtschule nicht schon selber die Lösung der in dem Buch geschilderten Krise sei, „sondern eine Voraussetzung für ihre Lösung“ (Systemzwang, 1. Auflage, S. 11). „Systemzwang und Selbstbestimmung“ war in der zweiten Hälfte der 60er Jahre notwendig ein politisches Programm. Auch ein in erster Linie pädagogisch motiviertes fiel der einen oder der anderen politischen Front zu – oder zwischen die Fronten und damit ins Nichts. Die bundesdeutsche Gesellschaft selbst geriet damals in eine Krise (oder in das Bewußtsein derselben), die sie falsch diagnostizierte und falsch zu beantworten im Begriff war: durch Anpassung des Menschen an die Verhältnisse, also an die zunehmende Funktionalität, Ökonomisierung, Abstraktheit, Veränderlichkeit, die sich als Sachzwänge – Leistungszwang, Aufstiegszwang, Regulierungszwang – über unsere Schulen legten. Es war damals nötig und möglich, die Folgen der Zweiten (oder Dritten) industriellen Revolution für unser Gemeinwesen zu erkennen und die Umwandlung der Schulen daraus abzuleiten. Da man schon im Aufbruch war (aus den Gründen, die Georg Picht und Hajo Riese, Leo Brandt und der Ettlinger Kreis formulierten), konnte man ältere Skandale und Widersprüche gleich mitbereinigen: die Chancenungleichheit im Bildungswesen, die hierarchische Struktur, die Rückständigkeit der Inhalte und Verfahren. Man hätte die Liberalisierung, Demokratisierung und Modernisierung des Schulwesens durchaus auch als seine Humanisierung ausgeben können, wenn man denn unbedingt *einen* Namen für alles haben wollte. Interessanterweise hat man es nicht getan. Ich denke: weil einem daran doch nicht so sehr gelegen war. In diesem Punkt unterschieden sich die „Reformer“ untereinander, die damals am gleichen Strang zu ziehen schienen, – und wußten oder sagten es nicht. Ihr gemeinsamer Gegner war ihnen wichtiger als die nicht gemeinsame Sache.

Das Wort „Humanisierung“ habe ich in „Systemzwang und Selbstbestimmung“ bei der Einführung der allgemeinen Lernziele benutzt, also an der Stelle, an der es um die Folgen der Gesellschaftsanalyse für die Schule geht. Diese Lernziele sollten nicht nur auf festgestellte Tendenzen oder unterstellte Gefahren antworten, sondern auf „Chancen der Emanzipation und Humanisierung“. Die Aufstellung von Zielen, die der Mensch sich setzt, war selbst eine bewußte Reaktion auf die Tendenz, sich in das „mächtige Gefälle der Entwicklungen“ einzugliedern. Aus den weitgehend analytisch gewonnenen Präzepten, so warnte ich damals, werde selber wieder ein System mit eigenen Zwängen entstehen. Die 13 allgemeinen Lernziele, um die herum das übrige Buch geschrieben war, sollten dagegen den Auftrag von Schule und Bildung neu bewußt machen: „Selbstbestimmung“ des Menschen ermöglichen, bevor er den „Systemzwängen“ erliegt. Das war eine unverhohlene Parteinahme für den Menschen gegen die Systeme. Parteinahme für den Menschen – das ist Humanisierung. Diese Forderung ist nicht zeitlos-idealistisch, sondern wird angesichts einer bestimmten gesellschaftlichen Lage erhoben – und muß sich auf neue Lagen ständig neu einstellen. Keines der Ziele, so sagte ich damals, werde sein Profil, seine Stellung, seine Funktion unverändert behalten; bleibend und gemeinsam sei allein die Forderung: „daß wir keine Zielbestimmung vornehmen, ohne die Bedingungen unseres Willens zu kritisieren“ (Systemzwang, 2. Auflage, S. 79).

Die (sparsame) Verwendung des Wortes „Humanisierung“ hatte eine weitere Pointe: Sie erlaubte, von dem, wenn schon klar ordnenden, so doch unfruchtbaren, Gegensatz einer „Pädagogik vom Kinde aus“ und einer „Pädagogik von den Erwartungen der Gesellschaft, der Kultur, der Sache aus“ wegzukommen. Beide übergehen den Erzieher, Lehrer, Erwachsenen, der zum ersten nicht und zum zweiten nur als

Vermittler oder, wie man im Englischen sagt, als „agent" gehört, in der Pädagogik aber doch selbst eine Quelle von Anspruch und Anregung, Macht und Maß, Lebensfülle und Leidenszumutung ist. „Partner" ist eine viel zu schwache, flache, geschäftliche Bezeichnung für das hiermit gemeinte Gespinst von gegenseitiger Forderung und Befriedigung. Der entscheidende Gegensatz ist: „Pädagogik im Dienst der Menschenwürde" und „Pädagogik im Dienst des Überlebens, des Funktionssystems". Beide sind notwendig; beide sind miteinander verschränkt; aber beide sind gründlich verschieden – und vor allem: die erste immer der zweiten unterworfen und unterlegen. Das jedoch – so sehen wir heute – bekommt gerade der Sicherung des Überlebens der Gesellschaft nicht.

1976 hatte ich fünf Jahre Planung und zwei Jahre Praxis mit zwei nach diesem allgemeinen Entwurf konzipierten Schulen hinter mir. Ich mußte mir eingestehen, daß ich die Macht der gesellschaftlichen Verhältnisse und Wirkungen unterschätzt hatte – jedenfalls den Teil, den sie auf die Kinder schon ausgeübt haben, bevor diese zur Schule kommen, und den, den sie neben der Schule und durch die Schule selbst weiter ausüben. Die dreigliedrige These dieses Buchs lautete:

- Die Kinder und Jugendlichen sind heute anders,
- weil Kindheit und Jugend heute anders sind,
- so daß die Schule anders werden muß, als wir uns – selbst im Rahmen der Reform – vorgenommen haben.

Ich bestätigte, was ich in „Systemzwang und Selbstbestimmung" gesagt hatte: die Schule habe nicht nur Defekte, um deren Aufdeckung und Aufhebung es geht, die Funktion der Schule selbst hat sich gewandelt – und die Schule, wie sie ist, ist dieser nicht gewachsen. Ich mußte darüber hinaus feststellen, daß die beklagte „Inhumanität" der Schule zu einem großen Teil eine Folge ihrer Verselbständigung gegenüber ihrem Zweck ist, und daß die Verselbständigung mit ihrer Expansion, ihrem theoretischen und praktischen Aufwand, ihrem Bedeutungsbewußtsein zunimmt. Schule selbst konstituiert ein dem Menschen nicht bekömmliches, von ihm nicht bewältigbares, entfremdendes Verhältnis.

Ja, wir beginnen, die Schule in die Zahl der anderen Übel und Katastrophen der Gesellschaft einzubeziehen, statt wie bisher in ihr eine Chance der Heilung zu sehen: „Es geht trotzdem schief. Ich sage dir, die Umwelt, unser Schulsystem, der Fernsehzwang, überhaupt alles wird unsere Kinder verbiegen, wird es normen" (Grass, S. 53f).

Sie müßte also fundamental verändert werden. Das aber widersprach der vollzogenen Gründung einer staatlichen Versuchsschule, einer Curriculum-Werkstatt im Dienst der nur reorganisierten öffentlichen Schule, ja, auch einer Beobachtungs- und Experimentalstation der universitären und das heißt lehrerbildenden Erziehungswissenschaft. Auf dem Dekkel des bei Hanser erschienenen Buches stand: „Die Lebensprobleme der heute heranwachsenden Kinder sind soviel größer als ihre Lernprobleme, sie schieben sich so gebieterisch vor diese oder fallen ihnen in den Rücken, daß die Schule, wenn sie überhaupt belehren will, es mit den Lebensproblemen aufnehmen muß: sie muß zu ihrem Teil Leben ermöglichen." An dem Satz ist abzulesen, wie schmerzlich sich die Erfahrung an den selbstgesetzten institutionellen Grenzen der Erneuerung zu reiben begann.

Und wieder zehn Jahre später? Der Rückblick von 1986 nötigt mich zu einer Reihe von allgemeinen Gedanken.

1. Ein Wort zum Wort „humane Schule". Die Aufnahme in den Titel des eigenen Buchs von 1976 drückte keine Zustimmung aus. Ich habe vielmehr die Gelegenheit benutzt, die von den Bildungspolitikern aufgegriffene Lehrformel bloßzustellen. Sie schadet uns nicht, wenn wir uns ihre Funktion klargemacht haben. Es handelt sich um die noch unausgefüllte Posi-

tion zu einer behaupteten Negation: die gegenwärtige Schule sei „inhuman“ oder „noch nicht human“ oder „nicht human genug“. Wie unausgefüllt die Position ist, kann man an der durchgängigen Zustimmung erkennen, die sie erfährt. Wer würde sich zu einer inhumanen Schule bekennen wollen? Erst wenn wir sagen, was „human“ /„inhuman“ im einzelnen heißt, brechen die Gegensätze auf.

2. Aus der Tatsache, daß das Wort heute wiederkehrt – nun auch im Munde harter Analytiker, kann man schließen, daß die Position noch immer nicht geklärt worden ist. Bei Klemm/Rolff/Tillmann (1985) heißt es, die Schulpraktiker und -theoretiker beschrieben heute das Lernen in der Schule als „lebensfern, handlungsarm, entsinnlicht, einseitig rationalistisch, öd und abstrakt; sie erleben die Schule als fremdbestimmte, bürokratisch durchorganisierte und ritualisierte staatliche Anstalt; sie geißeln das Elend der Zensurengebung und etikettieren die Schule als Lernknast, als Sortiermaschine oder auch als totale Institution“ (Klemm, S. 11). Die Autoren fordern darum neben der entschlossenen Fortsetzung der Reform unter Nutzung gegebener „Schubkräfte“ (damit meinen sie unter anderem: die Nachfrage nach qualifizierten Abschlüssen, die Herausforderungen der sogenannten Informationsgesellschaft, den Kampf gegen die fortschreitende Zerstörung der Umwelt, die Notwendigkeit lebenslangen Lernens) ein „neues Verständnis von Bildung“ und eine „Humanisierung des pädagogischen Umgangs“. Es sind die letzten beiden Forderungen, mit denen die Autoren auf die zitierten Klagen antworten. Diese Hoffnung will ich niemandem mutwillig nehmen. Aber sie verkleinert sich von allein, wenn man wahrnimmt, daß dies nicht neu ist, nicht erst mit der selbstkritischen oder trotzigen Reaktion auf die Wendezeit aufkommt, sondern in den Reformentwürfen der mittsechziger Jahre enthalten war, in der Kritik der Ame-

rikaner Friedenberg, Kohl, Kozol, Herndon, Leonard, Holt und der Engländer Neill, Young, Curry, Gribble sogar im Vordergrund stand. Dann wird man nicht nur mit der Enttäuschung fertigwerden müssen, daß die Reform daran nichts geändert, oder daß sie die Zustände – auch im Urteil von Klemm/Rolff/Tillmann – noch verschärft hat. Dann muß man sich klarmachen, daß die Aufgabe der Reform sehr viel schwieriger ist, als wir sie uns in den letzten 20 Jahren vorgestellt haben. Dann muß man vor allem fest in Rechnung stellen, daß sie zu einem großen Teil gegen die Gesellschaft verwirklicht werden müßte, wollte man mit ihr die Inhumanität wirklich aufheben.

Dies ist die Frage, mit der wir uns herumzuschlagen haben werden. Es ist nicht irgend jemandes böser Wille, daß die Bilanz im wesentlichen nur in der Statistik positiv aussieht und nicht im Bewußtsein der Menschen. Es sind so wenig schuldige Menschen wie schuldige Tatbestände auszumachen, auf deren Bekämpfung man sich nun konzentrieren müsse. Es ist nicht zu erwarten, daß eine noch so große Fülle von Einzelideen – oder ihre Summe – entscheidende Abhilfe bringt. Die „Verschlimmerung“ ist grundsätzlicher Art, vollzieht sich im Rücken der fraglosen Verbesserungen und führt am Ende zu der paradoxen und zugleich erhellenden Klage der Mutter eines Laborschülers: daß die hier getriebene „Optimierung“ der Pädagogik am Ende gegen ihr Kind gerichtet sei; eine „humane Schule“, an der die Kinder sich wohlfühlen, schläfre deren Widerstand ein, mache sie wehrlos gegen die pädagogische Absicht der Erwachsenen und die spätere zynische Realität. Wer dem nicht zustimmt, wird dennoch zugeben, daß nicht trotz, sondern zum Teil mit Hilfe der Reform

- die Schule vollends und für jedermann sichtbar zur Bewahranstalt geworden ist
- die Wirklichkeit nicht oder nur in pädagogisierter Form

Einlaß findet: es gibt Arbeitslehre statt Arbeit, Dritte-Welt-Tage statt eines Dritte-Welt-Jahrs (in dem man nach dem Muster von Tvind, in ein afrikanisches Land reist und dort etwas Wohlvorbereitetes *tut)*, das vom Sozialpädagogen gepflegte Öko-Beet statt des Schul-Bauernhofs (der sich, bitte, selbst erhält!)
- zusätzliche Mathematik-Stunden, äußere Differenzierung und Pauk-Kurse vor dem Abschluß eingeführt werden
- die alte Schulangst durch eine neue Lebensangst ersetzt worden ist.

Man könnte auch schließen: Die Notwendigkeit der Humanisierung mag zugenommen haben oder nicht – die Bedeutung des Wortes hat sich mit den gesellschaftlichen Entwicklungen verändert. Wir haben ein neues Bewußtsein von der Lage der Menschheit bekommen, wir beziehen die Schule ein in die gleiche Kritik, die wir an der Verschmutzung und Zerstörung der Natur üben, an der Mediatisierung des Menschen, an der Mißachtung des Körpers, der Sinne, des Gemüts, an der Ausbeutung der ärmeren Völker und Kontinente.

Man könnte am Ende auch schließen: Humanisierung meint nichts als die verschämte Rückkehr zur Pädagogik. Tun wir endlich unsere Pflicht an den Kindern und lassen wir den Behemoth der Gesellschaftspolitik draußen, dem wir ja selbst nicht gewachsen sind. Man *könnte* schließen, sage ich.

3. Wer sein Ziel erreichen will – welches auch immer – sollte also vorher gründlich die Klagen analysieren, die bisher geführt worden sind. Es könnte sein, daß wir entweder mit den gleichen Worten ein ganz neues Problem angehen oder die immer gleiche Mühsal mit immer nur neuen Gegenwörtern zu dem bisherigen Heilsversprechen beklagen:
- der einstigen Verwerfung der Zwergschule antwortete angesichts gewaltiger städtischer Mittelstufenzentren der Ruf nach „Überschaubarkeit“

- angesichts der absichtsvoll vermehrten Mobilität und Flexibilität verspürte man ein gesteigertes Bedürfnis nach Verläßlichkeit und nach Bestand
- der Forderung nach gleichen Möglichkeiten für alle entsprach bald das Lob der Unterschiede und der Vielfalt
- dem kollektiven Aufstieg begegnete man mit der Lust an der Individuation
- der Einsicht, daß Wissen allein nicht bildet, hielt man die Einsicht entgegen, daß es ohne Wissen kein Verstehen und keine Verständigung in der Kultur (und also auch keine Bildung) gebe
- auf die Orientierung des Unterrichts an den durch Wissenschaft geklärten Tatbeständen und Verfahren (Wissenschaftsorientierung) reagierte man mit der Wiederentdekkung der Ganzheit, der vernachlässigten Sinnlichkeit, den gerade in der Kindheit nicht vermeidbaren vor-wissenschaftlichen Wahrnehmungs- und Denkformen
- der Entdeckung, daß wir durch mehr als die sogenannten „intentionalen" Akte von Erziehung und Bildung geformt, also „sozialisiert" werden (ob wir wollen oder nicht) entspricht die Wiederherstellung einer Werterziehung, die sich auf ganz bestimmte, einen starken Willen oder Gehorsam voraussetzende Tugenden konzentriert
- auf die Qualifikation für eine bestimmte gesellschaftliche Funktion antworten neue Konzepte von Allgemeinbildung
- auf die Erfahrung mit einem Unterricht nach dem „Baukastenprinzip" kommt es zur Wiederentdeckung der geordneten Abfolge, des systematischen Aufbaus (unter dem scheußlichen Wort „Sequentialität"): Geschichte wird wieder durchgängig erzählt – von der Altsteinzeit bis zum NATO-Doppelbeschluß
- auf die Modernisierung antwortet die Postmodernisie-

rung, die nicht ernstlich verhüllte Aufforderung zur Entmodernisierung.

Und „Humanisierung"? Wäre sie dann vielleicht nur das verheißungsvolle Gegenwort zur Industrialisierung und Politisierung der 60er Jahre, wie „Schulkultur" das Gegenwort zur rationalisierten, neu vermessenen und meßbar gemachten „demokratischen Leistungsschule", zu taxonomisch gegliederten Lehrplänen, zur Einhaltung der Deputate, zur Preisgabe aller Gemeinsamkeit, Ordnung und Ästhetik an die (unterentwickelte) Freiwilligkeit der Schüler, zum Dauer-Mißtrauen (genannt „Transparenz") wäre – die alle zusammen die Schule zu einem unwirtlichen Ort gemacht haben? Und das „breite alternative Angebot" schließlich, über das heute an „progressiven" Schulen soviel geredet wird, wäre das Gegenwort zur durchgängigen Wissenschaftsorientierung, die die Schulfächer an die Kandare der akademischen Disziplinen genommen hat?

4. Dies nötigt zum Nachdenken über die Relativität von Veränderung überhaupt. Was geschieht da eigentlich? Welchem Bild soll man folgen: Die Reform wird durch die von ihr überschrittenen Probleme eingeholt, die sich in ihrem Rücken wieder gerappelt haben, oder: Es handelt sich um einen ewigen Pendelschlag bei bestenfalls leicht verstellter Achse, oder: Alle bewußte Veränderung hechelt hinter der unbewußt längst vollzogenen hinterher, oder: Fortschritt ist immer nur die Verbesserung des Alten?

Die Veränderung von Schule geht wohl ohnedies anders vor sich als die anderer Institutionen: erstens weil Menschen sich sehr viel langsamer verändern als die Verhältnisse und zweitens weil erst die Kinder, die eine veränderte Schule erlebt haben, sie als Erwachsene mit Selbstverständlichkeit verändert betreiben können – wenn schon wieder neue Veränderungen anstehen.

Ich stelle hier vier Modelle für Veränderungen in der Pädagogik auf, wie man sie in unserem Stadium des Reformierens haben und befolgen kann – im Gegensatz zu dem Stadium der 60er Jahre, als man zur Reform aufbrach. Schon mit der Beschreibung dieses gegenwärtigen Stadiums tue ich mich schwer. Ich kann von einer Phase der Konsolidierung und geordneten Fortsetzung der Reform sprechen; ich kann eine Zweite Reform proklamieren (wie ich es vor sieben Jahren schon vorgeschlagen habe*); ich kann diese Phase einen Abschwung nennen, einen Abschied von einer nicht mehr gegebenen Lage; ich kann eine Kurskorrektur feststellen – dieselben Personen verfolgen in derselben Gemeinschaft etwas anderes. Für die vier Modelle möge die Annahme gelten, es gebe eine bewußte Kontinuität zwischen der bisherigen Reform, die in den 60er Jahren begann, und dem was man für die letzten anderthalb Jahrzehnte dieses Jahrtausends vorhat.

Das erste Modell finde ich bei Klemm/Rolff/Tillmann. Sie ziehen eine Bilanz und gewinnen daraus die Strategie für das politische Handeln der Zukunft. Eine Bilanz ist ein Vergleich von Soll und Haben. Das „Soll" finden die Autoren in den vier Zielen, die den Kernbestand der sogenannten „Konsensjahre" ausmachen: (a) Abbau von Ungleichheit, (b) Demokratisierung und verstärkte Mitwirkung aller am Bildungswesen Beteiligten, (c) Wissenschaftsorientierung und Curriculum-Entwicklung und (d) Humanisierung des pädagogischen Umgangs. Ähnlich verfährt Andreas Flitner in einer für den August-Bebel-Kreis erstellten Schrift „Zur Bildungs- und Jugendpolitik" (unveröffentlicht).

Ein solches Verfahren bindet die Überlegungen an den ur-

* Vgl. Hartmut von Hentig: „Die Reform war nicht radikal genug", Vortrag auf dem Bildungspolitischen Forum der SPD am 8.5.1979 in Böblingen, abgedruckt in: Aufwachsen in Vernunft, Kommentare zur Dialektik der Bildungsreform, Stuttgart 1981 (Klett-Cotta) S. 35 ff.

sprünglichen Ideenkomplex, zeigt und erklärt die Abweichungen und entwirft wirksamere Mittel zu seiner Verwirklichung angesichts der besser durchschauten Widerstände. Neuen Zielen oder Absichten nachzudenken, fühlt man sich dadurch nicht aufgefordert.

Das zweite Modell finde ich bei David Gribble in seinem Buch „Considering Children" (1985; es wird im Sommer 1987 im Beltz-Verlag auf deutsch erscheinen). Er begnügt sich mit der Verdeutlichung und Belebung der Prinzipien einer *progressive education*, gräbt sie gleichsam unter dem Schutt ihrer verfehlten Verwirklichung wieder hervor und vertraut darauf, daß dies zugleich das Handeln befreit und sinnvoll anleitet.

Über die besondere geschichtliche Situation, über die Veränderung von Kindern, Eltern und Lehrern im Jahre 1985 nachzudenken, gibt dieses Verfahren freilich nur indirekt Anlaß: wenn ein Beispiel zufällig von Computer-Programmen handelt – und das kommt selten genug vor! Die Wirklichkeit von Dartington Hall, seiner Schule, die den Prinzipien der *progressive education* folgt, ist so sehr an diesen und so wenig an Abschlüssen oder Qualifikationen oder der Arbeitslosigkeit oder der Bewältigung der moralischen Krisen der Nation ausgerichtet, daß die geschichtliche Realität wenig dazu zu sagen hätte. Man kann Gribbles Beschreibung von Dartington Hall mißtrauen, aber die Wirksamkeit seines Verfahrens auf den Leser ist außerordentlich. Wer das liest, weiß was er zu tun hat.

Das dritte Modell finde ich in der Bundesrepublik weit verbreitet, wenn auch in zweifelhafter Form und Absicht. Ich nenne es das „Wiederherstellungs-Modell". Wiederherstellung muß nicht immer und notwendig reaktionär sein. Wir erleben es in der Ökologie-Bewegung, im Städtebau und in der Architektur, in sozialwissenschaftlichen Tendenzen: zur biographischen Erschließung der gesellschaftlichen Wirklichkeit und Geschichte etwa.

Wer mit Hilfe von „Wiederherstellung“ beispielsweise die „Humanisierung“ der Schule betreiben will, könnte sehr wohl bei mehr Fortschritt enden als derjenige, der sich Aufklärung und Emanzipation über revolutionäre Veränderungen vorgenommen hat. Gelegentlich erinnert man sich, daß *re-formatio* ja selber nichts anderes heißt als in die alte Verfassung zurückbringen, von der die Mißbräuche und Torheiten uns abgezogen haben. Wiederherstellung jedenfalls hat den Vorteil, daß man weiß, was man will und haben kann. Sie hat den Nachteil, daß sie sich ganz Ungewohntem gegenüber mißtrauisch verhält. Sie ist allemal besser als Beharrung im Status quo, ja, wer ernstlich Umwälzendes vorhat, käme vermutlich im Mantel des Wiederherstellers weiter als in den Sansculotten des Revolutionärs. Ich traue mir jedenfalls zu, unseren notwendig erneuerten Umgang mit der Natur, mit der Politik (also mit Macht und Ungleichheit, Kontinuität und Wandel), mit der Kunst, mit der Wissenschaft und Technik, mit der Religion (und das heißt mit der Frage nach dem Sinn, nach den Grenzen, nach dem Ganzen) als eine *Wiederherstellung* eines erlebbaren, notwendigen und menschlichen Umgangs darzustellen. Mag sein, daß es das alles gar nicht gibt. Aber hierin liegt der zulässige Teil des Idealismus: daß man mit dem Gegebenen verfährt wie mit dem Gesollten – mit der denaturierten Natur, als sei sie Natur, mit der Bundesrepublik, als sei sie unsere *polis*, mit der wissenschaftlichen Erkenntnis, als sei sie verläßlich und objektiv. Geben wir dies auf, haben wir die Möglichkeit der Kritik überhaupt verloren.

Das vierte Modell nenne ich abkürzend das historisch-dialektische. Es mißt die sich wandelnden pädagogischen Verhältnisse an den bleibenden pädagogischen Prinzipien und zieht daraus Konsequenzen für pädagogische Maßnahmen und Einrichtungen *as far as it goes*.

Ich erkläre dies an Beispielen:

- Die Schule ist ein Aufbewahrungsort, eine *total institution*, geworden. Sie sollte ein Ort allseitiger Entwicklung sein, ein Erfahrungsraum. Die Konsequenz: entweder es gelingt, die Schule deutlich zu entschulen – oder man gibt diese Idee auf und verringert die Schulzeit drastisch, so daß die Kinder sich „draußen" ein Stück eigene Lebenswelt erobern können.
- Die Arbeitslosigkeit, die die Jugendlichen nach der Schule und Ausbildung erwartet, „entwertet" das Gelernte. Gemessen an dem Prinzip, daß Lernen eine Veränderung meiner Person, meines Verhaltens ist, ich das Gelernte also eher der Kategorie „Sein" als der Kategorie „Haben" zurechnen sollte, kann die Entwertung jedoch von der Arbeitslosigkeit nicht abhängen. Die Entwertung findet natürlicherweise dann statt, wenn die Schule ständig (und wider besseres Wissen) behauptet, was sie lehre, sei eine Voraussetzung für die Erlangung eines Berufs, wenn sie also Bildung mit Qualifikation verwechselt hat.
- Wenn gesagt wird, es gebe eine wachsende Nachfrage nach qualifizierten Abschlüssen und dies sei eine der „Schubkräfte" für den nächsten Reformschritt, dann hält auch dies dem Prinzip einer mündig machenden, emanzipatorischen Pädagogik nicht stand. In meiner Schule, hätte ich eine allein zu verantworten, baute ich nicht auf diese Nachfrage (gemeint ist die Tatsache, daß heute mehr als die Hälfte der Eltern für ihre Kinder ein Abitur erhofft und nur 13% vorhaben, ihr Kind auf die Hauptschule zu schicken), ich würde also auch die Gesamtschule nicht an dieser Möglichkeit ausrichten, die am Ende ihre „Gymnasialisierung" bedeutet. Sie verliert darüber nicht nur ihre pädagogische Seele, sondern auch ihre Zukunft. Michael Young hat vor fast 30 Jahren in seiner „Rückschau aus Meritocracy im Jahre 2033" die Vorhersage gemacht, die ich hier zitiere:

„In einem hierarchischen System wie dem unseren, hat sich jede Einrichtung bisher immer nach dem ihm unmittelbar übergeordneten und überlegenen Muster gerichtet, und das heißt gewöhnlich nach der jeweils vorausgehenden Einrichtung: die neuen Berufe nach den älteren, die modernen Universitäten nach den altehrwürdigen, die Gesamtschulen nach den Gymnasien ... (Die Gesamtschulen) nahmen die alten Prinzipien in ihre neuen Gehäuse auf, und die Mitte ihrer Schule bildete nicht ein allgemeiner Gesamtschullehrgang, sondern ein kleines Gymnasium ... Und so ist es kein Wunder: die Gymnasien überlebten, die Gesamtschulen fielen dahin. Die Vandalen waren besiegt und die Stadt gerettet." (Young, S. 51f. u. 56, eigene Übersetzung)

Es ist mir deutlich, daß ich auf Systematik verzichte, wenn ich so zu verfahren vorschlage (und soweit meine Zeit reicht, selbst jetzt schon so verfahre). Die Systematik wird in diesem Modell entweder durch Vollständigkeit oder durch persönliche Auswahl und also Bewertung ersetzt.

Ich nehme damit zu meinem Teil bewußt von vielen *Themen* Abschied, die den Anhängern von Modell 1 wichtig sind. Ich nehme nicht Abschied von den *Problemen*. Ich meine vielmehr, daß sie in anderer Form und Sprache besser ans Licht, uns besser unter die Hand kommen. Was wie eine Trennung von der Bildungspolitik zugunsten „reiner Pädagogik" aussieht, soll zu einer wirksameren Form von Bildungspolitik führen. Nichts gegen die Belebung des Kampfes um die Ablösung des dreigliedrigen Schulsystems durch ein integriertes! Nichts gegen die Bemühung, die Hochschulen auch anderen zugänglich zu machen als denen, die in ihrer Kindheit von ihren Eltern auf eine Schule geschickt worden sind, auf der sie ein Abitur machen konnten! Nichts gegen die politische Entlarvung des politischen Rufs nach Eliten! Aber dieser Kampf wird erfolgreicher geführt, wenn die Gesamtschule und die *open university* nicht das Ziel, sondern ausweisbar das Mittel zum Zweck sind, zum Beispiel zur Humanisierung des Bildungswesens. „Ausweisbar" aber heißt: dies muß in der Praxis ermöglicht und erreicht werden. Die Vermischung der pädagogischen Forderungen mit dem politischen Kampf der organisierten Lehrerschaft verdirbt die Chance, daß man über die Schulen nach ihren pädagogischen Stärken urteilt, und nicht immer nur nach der Couleur der Kultusverwaltung oder der Sicherung von Errungenschaften, die sich in Haushaltszahlen ausdrücken.

Die „Gemeinnützige Gesellschaft Gesamtschule" mag „gegen die konservative Propagierung des Wettbewerbs in den Schulen, gegen die Einführung von Marktprinzipien im Bildungssystem und gegen die sozial- und demokratiefeindlichen Forderungen nach einer neuen Elite" (1985) protestieren. Die Schulen selber müssen zeigen, wie sie auf die Folgen der veränderten gesellschaftlichen Lage reagieren: die Folgen der Medien, der Arbeitslosigkeit, der Resignation der Erwachsenen angesichts der von ihnen selbst nicht mehr verstandenen und beherrschten Entwicklungen.

Jedenfalls will ich den Fortgang der Reform nicht durch die Vergangenheitsbewältigung, die Traumata und Demutsgebärden belasten, die mit den Stichworten Chancengleichheit, Wissenschaftsorientierung, Mitwirkungsrechte, Lernangebote statt Kanon, Projekte statt Lehrgänge, große Schulen mit Team-Kleingruppen-Modell oder kleine Schulen mit unmittelbarer Beziehung von jedem zu jedem, soziales Lernen statt Erziehung etc. einhergehen. Ich beginne nicht mit der Annahme eines besten Systems, sondern mit bestimmten pädagogischen Grundforderungen, die die Wahrnehmung meiner Zeit mir nahelegt, um daran zu sehen, was man zu ihrer Erfüllung machen kann. Das ist in der Regel mehr, als wir uns zutrauen, hat Knut Nevermann kürzlich mit Recht gesagt. In der Tat brauchen wir vor allem Eigeninitiative und dann die Solidarität der Kollegen. Gesamtpläne und die dazugehörige Durchführungsverordnung wären tödlich für diese Absicht.

Im folgenden gebe ich eine Vorstellung davon, wie ich über „Veränderung von Schule" meine nachdenken zu sollen. Ich setze das eben Gesagte um und das in meinem Vortrag zur Zehn-Jahres-Feier der Schulprojekte Begonnene fort – den Versuch, Lernbedingungen aus einem pädagogischen Prinzip und der politischen und schulischen Erfahrung heraus zu begründen. Aus der Summe solcher Lernbedingungen folgen die Veränderungen, denen wir uns zuwenden müssen.

Die Auswahl der im Herbst 1984 vorgetragenen „13 Lernbedingungen" war willkürlich (1985, S. 106ff.) Seitdem werde ich von *afterthoughts* heimgesucht, deren ich mich hier zum Teil entledige. Von den weiteren acht „Lernbedingungen" tragen vier dem geschärften Bewußtsein von inneren Nöten und Notwendigkeiten der Einrichtung Schule Rechnung und vier einem geschärften Bewußtsein von unbewältigten Aufgaben in der Gesellschaft. Beide Gruppen sind exemplarisch gedacht, beide müßten für eine Systematik des Gedankens, den ich „Rückkehr zur Pädagogik" genannt habe, ergänzt werden, die erste Gruppe wenigstens um die Bedingung: Die Schule muß ein Ort sein, an dem das Verhältnis von Risiko und Verantwortung erfahren werden kann, weil die Handlungen aller beidem unterliegen, die zweite Gruppe wenigstens um die Bedingung: Die Schule muß ein Teil einer Gemeinde sein – ihres Bürgerlebens, nicht nur ihrer Verwaltung, ihres Budgets, ihrer Bauplanung.

Hier will ich unter anderem der Redefigur „Lernbedingung" eine überzeugendere Form geben, als sie mir beim ersten Anlauf (siehe S. 26) gelungen war.* Mit wenigen Aus-

* 13 Lernbedingungen aus „Die Menschen stärken, die Sachen klä-

nahmen („Zeit haben", „A place to grow up in", „Für die Kinder erwachsen sein") waren daraus doch wieder Lernziele geworden – aus dem verständlichen Wunsch, in der Bedingung auch den Zweck mit aufleuchten zu lassen. Aber es geht mehr um die Kausalität als die Finalität der Verhältnisse, es geht um „Nur, wenn dies sich ändert, kann jenes werden" mehr als um „Damit jenes sich einmal ändert, müßte dies geschehen". Logisch ist der Unterschied gering. Aber praktisch macht es viel aus, ob mein Blick auf die ersten hier zu tuenden Schritte oder auf die späteren, außerhalb der Schule liegenden Erwartungen gerichtet ist.

ren" (Stuttgart, 1985, Reclam, S. 106 bis 125); die Überschriften der einzelnen Abschnitte sind hier umformuliert – so, daß die Lern-*bedingungen* als solche erscheinen.

1. Eine Gemeinschaft von Menschen, die ihre Sache mit *Zuversicht* tun
2. Eine Gemeinschaft von Menschen, die für einander *Zeit* haben
3. Eine Einrichtung, an der *Arbeit* erfahren werden kann und nicht nur als Arbeit verkleidetes Lernen
4. Eine Einrichtung von *menschlichen Ausmaßen*
5. Ein *Lebensort*, „A place for kids to grow up in"
6. Eine Einrichtung, in der die Menschen sich bewußt *gemeinsame Regeln des Handelns* geben, deren Funktion man dort also erfahren kann
7. Eine Einrichtung, in der sich die Menschen die *gemeinsamen Formen des Erkennens* bewußt machen – an der es dafür Anlässe gibt
8. Eine Einrichtung, in der die *Unterschiede* unter den Menschen wahrgenommen und bejaht werden können
9. Ein Ort, an dem der *Körper* zu seinem Recht kommt
10. Eine Einrichtung, an der man sich der *Medien* bedient und nicht die Medien bedient
11. Eine Gemeinschaft von Menschen, in der die Erwachsenen ihr *Erwachsensein* bejahen – um der Kinder willen
12. Eine Einrichtung, die hilft und *nicht heilt* (therapiert)
13. Eine Einrichtung, an der *nicht alles geregelt* ist, an der man die Kinder weitgehend in Ruhe läßt – eher weniger als mehr zu tun geneigt ist.

II.

1. Ein Ort, an dem sich die Lust an der Sache einstellen kann

Das Hauptgeschäft der Schule bleibt: Sachen erklären, Vorstellungen ordnen, die dazu nötigen Kenntnisse und Fertigkeiten vermitteln. Die andere Aufgabe, die aus dem vorhin erneut behaupteten Wandel ihrer Funktion hervorgeht – nämlich ein Lebensraum für junge Menschen zu sein, weil die Gesellschaft, wie sie ist, einen anderen für diese nicht bereithält –, kann nur deshalb an der Schule erfüllt werden, weil diese um der anderen Aufgabe willen existiert. Was die Gesellschaft mit den Kindern und Jugendlichen täte – und möglicherweise tun wird, wenn die Prophezeiungen von Postman und anderen in Erfüllung gehen: daß die Elektronik die „belehrende Schule" überflüssig mache –, können wir uns nur ausdenken. Wie Schulen würden die neuen Lernorte sicher nicht aussehen.

Solange es Unterricht gibt, ist es (a) sinnvoll, ihn mit einem Lebens- oder Erfahrungsraum zu verbinden, und (b) Leben und Lernen, Belehrung und Erfahrung aufeinander zu beziehen. Die Landerziehungsheime saugen aus dieser Beziehung ihre Stärke in beidem – Erziehung und Unterricht; die Gesamtschule hat, wo sie als Ganztagsschule organisiert ist, Chancen, etwas davon zu verwirklichen; die Laborschule ist eine gebündelte Anstrengung, aus dem zunächst theoretischen Prinzip eine durchgängige Praxis zu machen; auch das Oberstufen-Kolleg bemüht sich um eine dem Lernen bekömmliche „Umwelt" und das heißt, zum Studieren passende Lebensmöglichkeiten und -formen, und nimmt schon aus diesem Grund mit Recht in Anspruch, etwas anderes zu bieten als das herkömmliche Grundstudium: eine Entsprechung zum amerikanischen College.

In unseren selbstkritischen Stunden zweifeln wir freilich, ob uns dies – oder wieviel davon – gelungen ist. Wir haben die Ängste, die Sekundär-Motivationen, ein gut Teil der unterrichtsorganisatorischen Systemzwänge in den Hintergrund gedrängt, wir geben den „Lebensproblemen" der Kinder und jungen Leute statt, aber die Lust an der Sache ist darum nicht wesentlich größer geworden, ja, die Sache hat indirekt eine Abwertung erfahren, sind doch die Lehrer sichtbar bereit, sie um anderer Probleme willen zu unterbrechen und zurückzustellen; oft planen sie ihren Unterricht schon gar nicht mehr so, daß der Gegenstand – sei es die Urgeschichte, sei es die Nahrungskette, seien es lateinische Präpositionen – in der bestmöglichen Abfolge, in der notwendigen Vielfalt, in hinreichender Vollständigkeit zur Geltung kommt, weil das pädagogische Gebot, auf die Kinder einzugehen und dies auch noch freundlich, den Plan ohnedies zerstört. Es gibt an der Laborschule den Krieg zwischen Pädagogik und Didaktik im Kleinen, weil man sich ihre *entente cordiale* im Großen verordnet hat.

Ich halte es für unsere bei weitem wichtigste Aufgabe, die Beziehung zwischen normalem, und das meint zugleich freundlichem und unverstelltem Umgang einerseits und geordneter Einführung und Einübung in die Sache andererseits bewußt herzustellen und verfügbar zu machen. Daß uns diese Beziehung intuitiv gelingt, genügt nicht angesichts der Mächtigkeit und Allgemeinheit des Problems.

Die größte Plage der Schule ist die Langweile – sie ist es noch immer. Und sie wird nicht durch menschlicheren Umgang aufgehoben. Ja, man kann sagen, dieser beraube die Schüler vielmehr eines bewährten Exerzierfeldes ihrer tätlichen Phantasie, ihrer sachlichen und sozialen Intelligenz: des „Lehrerärgerns", des listigen Widerstands gegen den „Feind", des ausgeklügelten Unterlaufens lästiger Forderungen. Wollen wir einen Unterricht ermöglichen, in dem Lernen nicht nur vorübergehend Spaß macht, und an Gegenständen, an denen dies mühelos gelingt, sondern in dem an wichtigen Gegenständen und dauerhaft so etwas wie „Lust an der Sache" entsteht, dann tun wir gut daran, uns einen weiten Begriff von Didaktik zu machen. Sie ist keine Lehre von der ökonomischen Nutzung der Zeit, von den Regeln des richtigen Unterrichtens, vom sicheren Erreichen der vorgeschriebenen Ziele. Ich bezweifle sogar, daß diese Kunst im strengen Sinne lehrbar ist. „Didaktik lernen" dagegen muß heißen: sich ein Arsenal von Gegenständen anlegen, die man so gegliedert, befragbar, zeigbar, übbar gemacht hat, wie man sie im *Unterricht* braucht – und nicht für die Abfassung eines Brockhaus-Artikels oder für die Fortsetzung der Forschung. Didaktik wäre demnach eine Sache der *Fach*ausbildung auf die Kinder hin. Verfahren, behaupte ich dem gängigen Klischee zum Trotz, legen fest, Materialien, die ich didaktisch verwandelt habe, erlauben die Improvisation.

Die Didaktik, die als Wissenschaft an unseren Hochschulen gelehrt wird, wird sich sehr ändern müssen, bevor sie den Lehrerstudenten dies bieten kann. Sie wird auf die Erkenntnisformen von Kindern und Jugendlichen eingehen und vermittelnde / mittlere Formen von Sachwissen einführen müssen, um so dem Wort „Wissenschafts*orientierung*“ gerecht zu werden, das ja eine Unterscheidung zur Wissenschaft selbst impliziert.

2. Ein Ort, an dem Konzentration möglich ist und Durchhaltekraft belohnt wird

Das größte Problem meiner Schüler ist Konzentration. Ich vermute, das war es für die Mehrzahl der Schüler schon immer – jedenfalls bei typischen Schulgegenständen. Kindheit ist Sammelzeit, *trial-and-error-*Zeit, Zeit der Selbsterprobung an immer neuen Gegenständen in immer neuen Lagen und Übung in einigen wenigen Fertigkeiten bis zum Exzeß. Mit der Ungeduld, die der veranstalteten Pädagogik eigen ist, rationalisiert die Schule dieses Verhalten; sie hält gegen: mit der Auswahl der Gegenstände und der Eingrenzung der Lage. Aber die Übungswut am von ihr ausgeschlossenen Skateboard oder am Flipper fällt nicht automatisch den französischen Vokabeln zu.

Dieses schon immer fragwürdige Bemühen der Schule wird heute noch unterminiert durch das abendliche und wochenendliche Fernsehen, und das bedeutet: nicht nur viele und starke Bilder, dramatische Ereignisse und selige Unverfügbarkeit (außer dem Wählen zwischen drei Kanälen und dem Abstellknopf bleibt mir nichts zu tun), es bedeutet vor allem eine nachhaltige Belehrung über tausend Dinge, die die Schule nicht kann, über die Entbehrlichkeit von Lehrern und Büchern und über die Folgenlosigkeit von alledem für mich und meine Welt – es „folgt" in der Regel nicht einmal ein Gespräch darüber. Das Phänomen brauche ich nicht weiter zu schildern. Es ist nach meiner Überzeugung die wichtigste Ursache für die erfahrene Konzentrationsschwäche der heutigen Kinder.

Aber selbst wenn man ganz andere Ursachen dafür annimmt – in der Ungeborgenheit und Unsicherheit auch der Erwachsenen, im zunehmenden Bewußtsein von der Irrealität der Pädagogik, in der unter Ziffer 1 angesprochenen Un-Sachlichkeit der Lehrer –, bleiben uns prinzipiell gar nicht so viel verschiedene Antworten. Jede von ihnen ist schwierig genug und jede von ihnen brächte etwas Hilfe. Ich deute hier drei dieser Antworten an:

(1) Gegen die Überwältigung durch das von anderen Gemachte (und allgemein Gemachte!) hilft die Erfahrung mit der Befriedigung, die eine mir eigene Sache gibt: etwas, was ich mache, zu einem von mir gewählten Zweck, nach meinem Geschmack, mit den Zeichen meiner Person versehen. Prüfen wir Lehrer uns, wie selten wir den Kindern diese Erfahrung ermöglichen, wie selten wir sie zur Eroberung dieser Erfahrung mit unserem Lob ermutigen. *Wir* formulieren die Aufgabe – fast immer die gleiche für alle –, *wir* geben die Anregungen, *wir* setzen die Grenzen, *wir* fällen das Urteil. Das geschieht sogar in dem Unterricht, dessen eigentliches Pensum die Erkundung des – mir – Möglichen ist, im Kunstunterricht. Man sieht den Ausstellungen der Produkte meist auf den ersten Blick an, was der Lehrer im Sinn hatte, und dann noch, wie die einzelnen Schüler versuchen, ihm diese Vorstellung zu erfüllen. Daß die Fähigkeit, Eigenes zu schaffen, sich nicht in der Beliebigkeit entwickelt, daß sie eines Gegen- und Wider-

standes bedarf, ist selbstverständlich. Eine unschuldige Erfindung meines Lateinunterrichts lehrt mich die Gültigkeit und Anwendung dieses Prinzips selbst in einem Fach, das wenig Spielraum für Eigenes läßt. Als eine Art Satz-Rommé oder Sprach-Mah-Jongg erdacht – mit didaktisch begründeten kunstvollen Spielregeln – haben meine rund 300 kleinen Holzwürfel, auf deren sechs Seiten die sechs Formen des Verbums, die sechs Casus der -a- und -o-Deklination und zahlreiche Präpositionen, Pronomina und Partikel stehen, nicht funktioniert. Aber seit die Schüler ihre eigenen Sätze daraus *ad libitum* machen dürfen und aus diesen wiederum Geschichten, ist eine Intensität des Arbeitens und Versuchens ausgebrochen, ein Eifer im Zusammenbasteln von Idee und Regel, von Machenwollen und sich in die Sache Fügen, wie sie einer, der der Entwertung und Enteignung des Geistes durch das Fernsehen entgegenwirken will, nicht schöner wünschen kann.

(2) Ein anderes Mittel ist die Legitimierung des Selbstschutzes, den die Kinder ohnedies aufbringen. Ich gebe zu, dies ist ein prekäres Mittel; es scheint der Tugend zu widersprechen, die ich später unter Ziffer 3 ausdrücklich loben werde: der Aufmerksamkeit. Aber der sprichwörtliche „zerstreute Professor“ ist gerade nicht, was man ihm vorwirft, sondern auf seine Sache konzentriert, die sich nur den anderen nicht zeigt. So sind auch Kinder oft mit ihrem Teil an unserer Sache beschäftigt, wenn wir sie zum Mitmachen ermahnen. „Stör uns nicht“ ist eine fast immer, „paß endlich auf“ eine fast nie berechtigte Aufforderung und jedenfalls keine taugliche. Ich halte die permanent erzwungene Gegenwart des Bewußtseins im „Klassengeschehen“ für eine sehr kostspielige Errungenschaft. Sie kostet uns die wahre Aufmerksamkeit, genauer: wir opfern ihr die in unserer Welt nötige Stärkung des Anspruchs des Kindes auf Kon-

zentration für seine Sache. Warum sollte es, da wir diese dauernd umbringen, Konzentration für die unsere leisten? Eine Schule, die mit stündlich erneuerten Lehr-Kräften von acht bis eins ununterbrochen Konzentration fordert, zerstört die Voraussetzung für das, was sie erreichen will.

(3) Es gibt Lebensalter, in denen schulisches Lernen bei der großen Mehrheit der Menschen (beileibe nicht bei allen!) nicht anschlägt: vor dem 5. oder 6. und nach dem 17. oder 18. Lebensjahr zum Beispiel. Darum lassen wir Schule in der Zeit sein oder verändern sie prinzipiell. Für die Pubertät gilt das gleiche, aber wir ignorieren diese natürliche und gesellschaftliche Tatsache, weil wir zu bequem oder zu phantasielos sind, das Lernen während dieser Periode anders zu organisieren. Hier wäre eine eigene Abhandlung nötig. Ich beschränke mich auf die Andeutung von einigen groben, mit den allgemeinen Schulordnungen durchaus vereinbaren und alles andere als originellen Vorstellungen:

Auf der Mitte des 7. Schuljahres, wenn die Schüler 12½ oder 13 Jahre alt sind, sollte die Schule, soweit wie möglich, „entschult" werden. Der Unterricht im Klassenzimmer setzt für zwei Jahre fast ganz aus – auch in den systematischen Fächern: in den Fremdsprachen, in der Mathematik, im Deutschunterricht, in den Naturwissenschaften. Statt dessen gibt es Kurse in Maschineschreiben, Kochen, Buchbinden, Tischlern, Töpfern, Mechanik, Setzerei, Umgang mit Computern. Die Schüler lernen, Musikinstrumente zu spielen und zu tanzen; sie machen ihren Mofa-Führerschein und einen Erste-Hilfe-Kurs, sie bauen ein Haus und „überleben" im Wald. Sie gehen auf eine Ski-Hütte und lernen neben dem Skifahren miteinander zu leben und sich selbst zu versorgen. Sie bereiten eine Reise nach England oder Frankreich vor und führen sie durch;

sie spielen Theater – auch in den Fremdsprachen! –, sie schneidern die Kostüme dafür, malen die Kulissen, denken sich die nötige Technik aus und bedienen sie, drucken die Einladungen und das erklärende Programm – und dieses alles im höchstmöglichen Maß „professionell", weil man ihnen Zeit und Anleitung dazu, nein, Unterweisung darin gibt. Bewährte Formen und Methoden können, weil der normale Stundenplan aufgehoben ist, zur gegenseitigen Stütze eingesetzt werden, statt sich, wie sonst, zu stören: Epochenunterricht, Projektunterricht, Team-Kleingruppen-Arbeit ... Die Lehrer sind jetzt nicht die Instrukteure, Abfrager, Beurteiler, sondern lebenserfahrene Gefährten, die durchaus etwas mit den Schülern zusammen lernen.

Die Schüler werden gewiß in diesen zwei Jahren viel vergessen, etwa in den Fremdsprachen oder in der Mathematik. Aber sie werden nicht dem Schlimmeren anheimfallen: der notorischen Lernunlust dieses Alters, die sich aus der unangemessenen Lernform ergibt. In diesem Lebensabschnitt sind die Beziehungen zu anderen Menschen „dran", Verselbständigung, das Beobachten der eigenen Körperlichkeit und die Erprobung eines neuen Arrangements mit ihr. Ihre geistigen Interessen, die in dieser Periode ja nicht aussterben, knüpfen hieran an, können und sollen auch behutsam weitergeführt werden: man schreibt Gedichte, man liest sich gegenseitig vor, man besucht gemeinsam Filme und Theater, man diskutiert über die moralischen, philosophischen, religiösen Fragen, die das Leben stellt. Einen „Klassenraum" braucht man dafür nicht.

In den voraufgehenden Jahren ist schulisches Lernen für die meisten Kinder eine spürbare Bereicherung ihrer Erfahrung, die Systematik des Schulunterrichts ist selber interessant, dem Ordnen der eigenen Vorstellungen nützlich und also befriedigend. Nach den zwei „entschulten Jahren" nähert sich der Mittlere Abschluß; man sieht und weiß, wofür man auch „schulisch" lernt; und wieder findet man die von den Lehrern gebotene Systematik als hilfreich, kann sie als Auszeichnung des Erwachsenwerdens empfinden. Der Stundenanteil der „geschädigten" Fächer kann jetzt erhöht, Leistungskurse können eingerichtet und zügig genutzt werden.

3. Ein Ort, an dem Martin Wagenschein würde lehren wollen

Ich hätte auch sagen können: ein Ort für Sokrates. Aber das wäre für viele – mit Recht – heute sehr beunruhigend. Wagenschein lehrt immerhin Mathematik und Physik. Sokrates lehrte Menschenkunde, Selbsterkenntnis, das Fragen nach den elementaren moralischen Verhältnissen, die in all unseren Tätigkeiten, Reden und Urteilen stecken. Dem mißtraut man im Zeitalter der vollsten Machtentfaltung des positiven Wissens und nach rund 20 Jahren der organisierten Geschwätzigkeit in Schul-Dingen. Gemeinsam ist ihnen, Wagenschein und Sokrates, daß sie eine geistige Bewegung, einen Frage-Prozeß und -Progreß auslösen, der dazu führt, daß man „versteht", nicht nur auswendig weiß.

Weil der einzelne Mensch nicht alles wissen kann, was er für seine Sache wissen müßte (und was es zu wissen gibt!), und weil auch Menschengruppen dies nicht können, erfinden wir (a) Instrumente / Knechte, die uns das vorhandene Wissen bewahren und beschaffen, und üben uns (b) im verständigen Umgang damit. Nie war sokratisch-wagenscheinsche Mäeutik so wichtig wie heute, die Hebammenkunst, das heißt das Verfahren, durch das das Verstandesurteil des Menschen ans Licht gebracht wird. Nicht die Wissensgegenstände, sondern die sich an ihnen formenden und prüfenden Erkenntniskräfte machen die gesuchte Verfügung aus, die wir Bildung nennen.

Was für Bedingungen müssen erfüllt sein, damit die Schule eine solche Bildung zuwege bringt?

Die Hauptarbeit wird in der Lehrerbildung zu leisten sein: Der Lehrer muß selber beispielsweise die Physik auf ihrem modernen Stand kennen, aber er muß dann vor allem erfahren haben, an welchen Schlüsselerkenntnissen sich ihr Weg von der natürlichen Wahrnehmung bis zu den physikalischen Denkmodellen verstehen, nachvollziehen, darstellen läßt. Er muß nach seinem Studium gleichsam lernen, wie es ist, wenn man nicht gelernt hat, muß an den Magnet*wellen*, am Licht*strahl*, am *Grund* für den Satz des Pythagoras noch einmal stutzig, ja irre werden, muß in die sokratische Unwissenheit zurückkehren, sie mit den Schülern teilen oder herstellen, den Beobachtungsvorgang anstoßen, das Nachdenken über ihn in Gang halten. Die lehrerbildenden Anstalten müssen hieraus eine rational begründete, keine rationalisierte und rationalisierende Didaktik machen.

Die zweite Aufgabe wird sein, den Überdruck des gewaltigen Lernpensums von den Schülern und vom Unterricht zu nehmen. Wir brauchen eine Lehrplanreduktion nicht von 100 auf 90, sondern von 100 auf 10 Themen. Die Weise, in der sie behandelt werden, muß zum Zweck passen: man muß soviel Zeit haben, wie man braucht – wie die Fragen und Zweifel anhalten. Und das eigene Fragen muß das Abgefragtwerden, das Zählen von „richtig“ und „falsch“, die sophistische Meßkunst des Geistes ersetzen.

Die dritte Aufgabe heißt „Aufmerksamkeit“ ermöglichen. Von „Konzentration“ haben wir oben schon gesprochen. Aufmerksamkeit ist deren umsichtige, umherblickende, schnell reagierende Schwester – eher ein Produkt als eine Voraussetzung der sokratischen Methode. Die Fähigkeit aufzumerken hängt mit der „Ganzheit" der Erfahrung, der Aufgabe, des Zweckes zusammen. Das Modewort „Ganzheit" sagt darüber nicht viel und schon gar nichts über die Schwierigkeiten, die sie – nicht nur im herkömmlichen Unterricht – bereitet. Diese bestehen darin, daß wir das Prinzip der Arbeitsteilung von klein auf geübt haben und nun auch für unsere eigene Person nicht mehr loswerden: In einem Garten arbeiten und zugleich beobachten, einen Waldlauf machen und ihn unterbrechen, um Pilze zu sammeln, ein Gericht kochen und dabei zugleich mit dieser oder jener Zubereitung experimentieren – das ist unpraktisch, unökonomisch gemessen am ursprünglichen Zweck. Aber was versäumt man darüber alles! „Gemessen am Zweck des Lernens" wäre jene Mischform ökonomisch. Weil das in einem geordneten Betrieb Schwierigkeiten bereitet, sei Geschehenlassen die erste Lehrerpflicht, die zweite erst wäre Anregen und Fordern, die dritte Einsammeln, Ordnen, Zusammenfassen, Bewerten.

Nichts bekommt der Entdeckung unseres Nichtwissens, d. h. der Aufhebung des Scheinwissens, so gut wie ein Unterricht, der sich zunächst nicht auf einen Gesichtspunkt beschränkt, der also Aufmerksamkeit ringsum verlangt. Auf ihn freilich werden sich Schüler nur dann einlassen, wenn damit nicht Entblößung verbunden ist – wenn Verweilen nicht zum Nachhinken, und Nachhinken nicht zum „der kann wohl nichts" wird.

Martin Wagenschein berichtet von lang anhaltenden, dialektisch fortschreitenden, überaus fruchtbaren Gesprächen von Schülern über die zu beobachtenden Phänomene und ihr (gesetzliches) Verhalten. Warum ereignen sie sich nur bei Wagenschein und nicht bei mir? Ich denke: weil er – an der

Odenwaldschule, an der er seine wichtigsten uns mitgeteilten Erfahrungen gemacht hat – stets nur ganz kleine Gruppen hatte. Unter den Bedingungen, unter denen Lehrer gemeinhin arbeiten, gelingt das nicht: da gibt es immer Schüler, die „Dummheiten" treiben und stören, weil sie nicht in den Bann der Sache geraten sind. Aber in erster Linie hat Wagenschein Erfolg, weil ihm Aufmerksamkeit wichtiger ist als das sogenannte richtige Wissen. Aufmerksamkeit *ist* mehr als das Wissen. Sie „weiß" sozusagen mehr, nämlich was gefragt und beobachtet werden muß, damit sich das Rätsel löst.

Wenn heute „Ganzheit" allerorten gelobt und gefordert wird, dann freilich nicht aus den Gründen, die Wagenschein (und Sokrates) dazu bewogen haben. Ganzheit ist ein Kompensationsmittel für den durch Arbeitsteilung geschädigten Unterricht geworden. Nun wird auch im Sprachunterricht gesungen und gebastelt, im Musikunterricht oder in der Sportstunde über das Erfahrene nachgedacht. Nützlich ist auch dies, aber ungleich bescheidener als das, was hier von der „humanen" Schule erwartet wird.

4. Ein Ort, an dem man gemeinsame Grunderlebnisse hat und sich bewußtmacht

Dieser Abschnitt hat viele Untertitel und sollte sie haben, wenn denn Titel so etwas wie Wegweiser in einem Text sind: Eine Schule für alle / Das Lob der Unterschiede / Es gibt in der Bildung keine Abschlüsse, sondern nur Stufen / Leistungsmessung ist eine terminologische Irreführung.

Wenn wir die Solidargemeinschaft nicht haben, müssen wir einander wenigstens soweit verstehen, daß wir miteinander leben können. Einander verstehen lernt man dadurch, daß man gemeinsame Sachen zu verstehen lernt. Miteinander leben lernt man dadurch, daß man miteinander lebt. Die Gesamtschule ist für eine pluralistische und demokratische Gesellschaft, in der die vereinten Müllkutscher soviel Macht über die anderen haben wie die vereinten Professoren nicht, eine Notwendigkeit. Ich meine sogar: eine Selbstverständlichkeit. Streiten kann und muß man darüber, wie lange sie dauern soll und wieviel Unterschiede sie zu machen in der Lage ist. Die beiden Beziehungsstücke stehen in einer exakten Beziehung zueinander: Je mehr Gesamtschulen es gibt und je länger die

Gesamtschule dauert, um so mehr Unterschiede kann und muß sie machen.

„Je mehr Gesamtschulen es gibt . . .“ ist der politische Teil der Antwort. Man kann, wenn auch schlecht, für ein dreigliedriges System argumentieren: es gebe Begabungsunterschiede, die keine Schule verschwinden machen könne, und wenn das so sei, müsse man den Schwachen die entmutigende Erfahrung ersparen, immer „unten“ zu sein, und den Starken endlich die Zügel schießen lassen. – Aber schon diese Redeweise, die wir von Helmut Schoeck bis zum Philologenverband, von General Rickover bis zu den englischen Black Papers tausendfach gehört haben, ist fragwürdig. Sie unterstellt, die Gesamtschule wolle Begabungsunterschiede verschwinden lassen. Sie nimmt eine Einteilung in „Schwache“ und „Starke“ vor, als wisse sie die Maßstäbe hierfür und als gebe es keine anderen Unterschiede. Sie tut so, als sei die Erfahrung, „unten“ zu sein, ein unausbleibliches Schicksal in heterogenen Gruppen – als gebe es nicht auch die Erfahrung, der zu sein, um den sich der Lehrer besonders kümmert, oder die Freude, geachtet, gar geliebt zu sein, weil man ein redlicher Kerl ist, oder den Stolz darüber, mit Kindern zusammen zu sein, die viel „toller“ sind als man selbst.

Ich sagte, man kann für das gegliederte System argumentieren, weil man für Auslese ist. Man kann auf der anderen Seite für die Gesamtschule sein, weil man möchte, daß die Bürger einer Nation gemeinsame Grunderfahrungen haben. Aber man kann nicht beide Systeme miteinander mischen. Wo dies geschieht, mißbraucht oder mißversteht man die Gesamtschule als Moratorium – bis man weiß, ob das Kind X dem Gymnasium gewachsen ist. Und dies wiederum weiß man aufgrund von sogenannten Leistungen. „Sogenannt“ sind sie, weil das Geleistete, nicht das Leisten gemessen wird. Dieses Verfahren ist nicht einmal in einem Auslesesystem überzeugend, geschweige denn in einer Gesamtschule, die jedem Kind zur Erfüllung seiner Möglichkeiten verhelfen will und für die das Maßnehmen an den Leistungen anderer oder an einem abstrakten Standard sinnlos ist.

„Um so mehr Unterschiede kann man machen" – das ist der pädagogische Teil der Antwort. Die Gesamtschule ist, man kann es nicht oft genug sagen, die Schule, die die Kinder gerade nicht über einen Leisten schlägt. Sie macht Unterschiede, muß sie machen, weil die Kinder verschieden sind, und sie sich nicht einbilden kann, eine verlesene Klientel zu haben. Damit sie Unterschiede machen kann, muß die Schülergruppe relativ klein, die Lehrerbeziehung stetig sein, und der Lehrer muß viel Zeit mit der Gruppe verbringen. Wer nicht sechs bis acht Stunden in der Woche mit seinen Schülern zusammen ist, wird mit der sogenannten inneren Differenzierung große Schwierigkeiten haben.

Gibt es dieses feste gemeinsame Gefüge, und laufen einem die Schüler nicht weg, sobald sie sich als Gymnasiasten einschätzen, ist überhaupt nichts gegen unterschiedliche und gestufte Angebote einzuwenden, also gegen zweite und dritte und gar vierte Fremdsprachen sowenig wie gegen ein Schul-Kammerorchester oder einen hochkarätigen Technik-Kurs – jeweils für die, die dies können – ungestört von anderen. Es ist auch nichts dagegen einzuwenden, daß es Gesamtschulen mit verschiedenen Profilen gibt. Aber solange die Gesamtschulen an dem gemessen werden, was Gymnasien, Realschulen und Hauptschulen leisten, bleibt man auf die Hierarchie der Abschlüsse fixiert und auf die Fächer, in denen diese zum Tragen kommt. Und das widerspricht ihrer Theorie.

Für die Abschluß-, Zeugnis- und Notengebungsverordnungen, die die Länderregierungen für die Gesamtschulen vereinbart und in unterschiedlicher Umständlichkeit aufgeschrieben haben, gibt es keine pädagogische Rechtfertigung. Ihre politische und rechtliche Notwendigkeit schafft den Skandal nicht aus der Welt, daß die Schule, die es um der Pädagogik willen gibt, gezwungen wird, unpädagogisch zu verfahren: alles Lernen mit dem falschen Vorzeichen und falschen Wirkungen zu versehen.

Eine Alternative zur auslesenden und womöglich Standesschule wird die Gesellschaft nur bekommen, wenn sie es politisch will und wenn sie es pädagogisch kann: wenn erprobt ist, wie man mit Kindern umgeht, die sich so sehr voneinander unterscheiden. Die politische Gelegenheit dazu bestand 1945. Wir (und unsere Befreier-Besatzer) haben sie verpaßt. Man hätte, wie man nach dem Ersten Weltkrieg die vierjährige Grundschule für alle eingerichtet hat, ihr jetzt eine weitere vierjährige gemeinsame Stufe folgen lassen können. Die pädagogische Gelegenheit bestand, seit es in Berlin und Hessen Gesamtschulen gibt, und vollends seit der Verabschiedung der Empfehlungen des Bildungsrats zur „Einrichtung von Schulversuchen mit Gesamtschulen“ (1969). Hätte man diesen auch den richtigen pädagogischen Auftrag gegeben, die deutsche Öffentlichkeit wüßte, worum es in der Gesamtschule geht: um eine humane Form des Lernens, deren Ergebnisse auch für die Nation bekömmlicher sind als die durch Auslese erzeugten Leistungsmenschen einerseits und Abfallmenschen andererseits.

Man würde auch die Kraft haben, zwei von den gedachten vier zusätzlichen Jahren in die oben geschilderte Erlebnisschule zu verwandeln – belehrt und ermutigt durch Versuche, die man an Pionierschulen damit macht: von Salem über Ober-Hambach bis Bielefeld.

Die bisherige Ungewißheit von Angebotsschulen (die meisten Gesamtschulen in der Bundesrepublik sind dies) aber fällt als Inhumanität auf die an ihr lernenden Schüler zurück. Das Selbstbewußtsein, das sie durch eine offene Pädagogik zur eigenen Leistungskraft und Lebensgestaltung gefaßt haben, wird ihnen durch das Gerücht: da draußen zähle das alles nicht, da werde anderes und mehr verlangt – in sein Gegenteil verwandelt, in eine verzagte Unterwerfung.

Besitzen wir ein integrierendes System und haben wir es bis zum 14. Lebensjahr richtig gemacht, gibt es keinen ernsten Grund, uns gegen eine Aufgliederung der Bildungsmöglichkeiten danach zu sträuben. Hier könnte der bildungspolitische Kompromiß liegen. Lieber bis an diese Stelle wirkliche Gesamtschulen für alle, als in der Hälfte der Länder gar keine und in den anderen eine Gesamtschule bis zum Abitur.

5. Ein Ort, an dem Gemeinsinn herrscht und wohltut

Gemeinnutz geht vor Eigennutz – dieser Spruch wäre nicht nur darum zu verdächtigen, weil die Nazis ihn auf ihre Reichsmark prägten. Gemeinnützigkeit ist nicht schon darum eine Tugend, weil Eigennützigkeit nach Selbstsucht oder noch Verwerflicherem klingt. „Gemein“ geht immer mit Bindung, und also mehr Ordnung, „eigen“ immer mit Ungebundenheit, und also mehr Freiheit, einher. Spätestens seit wir den *état naturel* verlassen haben, ist eine Balance wünschenswert.

Es gibt inzwischen jedoch einen Grad der Kollektivität, der nicht mehr vom Gegenprinzip her zu heilen und erträglich zu machen ist. Die gegenseitige Abhängigkeit der Menschen auf der kleinen, übervölkerten, von der technischen Zivilisation überspannten Erde ist unaufhebbar und unentrinnbar. Wir können sie nur durch vernünftige Einsicht in ihre Notwendigkeit, ihre Voraussetzungen und Folgen menschenwürdig und menschenfreundlich machen. Diese Einsicht nenne ich Gemeinsinn: daß meine Würde durch die Würde des Gemeinwesens bestimmt ist. Wie ich ihm diene, diene ich mir.

Die Allmende hat es immer schwer gehabt: sie fordert zur Ausbeutung geradezu heraus. Aber eben darum hat die Öffentlichkeit auch mit scharfen Augen über ihr gewacht. Sie ist ein klassisches Objekt der moralisch-politischen Erziehung. „Wirf kein Papier in die Gegend" war in meiner Jugend die allerschwächste Fasson dieses Ethos, fast schon eine Kapitulation. Normal war: „Heb das Papier dort auf" – natürlich ein von anderen weggeworfenes. Die Nobel-Ausgabe schließlich war, daß die Eltern sich eher gebückt hatten als ich und daß mir die Schamröte ins Gesicht schoß.

Wie erreichen wir, daß uns auch nur der unterste Grad dieses Ethos wieder zuteil wird? – nicht so sehr um der Ästhetik der gemeinsamen Landschaft, Straßen, Gebäude willen, sondern wegen der prinzipiellen Dummheit, wegen des Selbstbetrugs, den es bedeutet, wenn wir der Gemeinschaft unsere persönliche Nachlässigkeit aufladen – als Entsorgungsauftrag – in der Meinung, wir kämen dabei billig weg. Die Gemeinschaft hat genug mit der Erfüllung der drei Uraufgaben der *polis* zu tun – der Erhaltung des inneren und äußeren Friedens, der Herstellung von Gerechtigkeit, der Ermöglichung von Öffentlichkeit: sie bringt die Mittel für die Politik auf, sorgt für die notwendige gemeinsame Information, sichert die Verständigungsfähigkeit zwischen den Bürgern durch Bildung und Wissenschaft. Caritas und Daseinssicherung (also Krankenhäuser, Altersversorgung, Wirtschaftspolitik) und das, was man Infrastruktur nennt (also Straßen, Post, Verkehr, Wasserleitung, Müllabfuhr), die uns heute als eigentliche Aufgabe des Gemeinwesens erscheinen, sind auch anders organisierbar – durch private Unternehmen, Genossenschaften, Glaubensverbände und die Familien. Aber um der ersten drei Funktionen der *polis* willen, haben die Menschen sie meist dieser auferlegt.

Die dazugehörige Einstellung muß aus der *polis* selbst kommen und aus dem Bewußtsein von diesen Funktionen. Unsere monströsen Staatsgebilde dagegen verhindern es. Durch ihre buchstäblich un-menschliche Größe, durch die Abstraktheit des Steuersystems und der Verwaltung, durch die offen zum Regulativ erklärte Interessendurchsetzung machen sie dem Gemeinsinn den Garaus.

Die Schule wird dies nicht ändern können. Aber sie kann es bewußtmachen. Und auch das nur, indem sie selber die richtige, die gemeinte *polis* im Kleinen lebt: nicht eine statistische Einheit, deren Daseinsgrund in der kollektiven Verlustbereinigung und in der Regulierung der Verteilungskämpfe besteht, sondern eine Gemeinschaft, die wichtige gemeinsame Zwecke hat und, um diese erfüllen zu können, sich gemeinsame Ressourcen zulegt, über deren sinnvolle und bewegliche Nutzung wacht und dem größeren Gemeinwesen unnütze Kosten möglichst erspart.

Eine Schule ist ein relativ günstiger Ort für Erfahrungen mit einer solchen *polis*: wenn man sie so organisiert. Leider liegt der deutschen Öffentlichkeit – den Parteien, den Verwaltungen, den beamteten Lehrern, den Versorgungsstaats-Erwachsenen – nichts ferner als die zwar mühsame, aber befriedigende Autonomie der Schule, die dazugehört. Eine Schule, die heute *polis* sein will, kann sich das nur durch äußerste Solidarität ihrer Lehrer, Schüler und Eltern erlisten. Wo man sie hat, ist man weit gekommen. Solidarität ist selbst schon der kostbarste Teil dessen, was hier ermöglicht werden soll.

Ich sitze in einer Sonderkonferenz der Laborschule, in der es um das Schwänzen von Schülerinnen in der 10. Klasse geht – solcher, die ihrer Entlassung in vier Monaten entgegensehen und nun in Gefahr sind, keinen Abschluß zu bekommen. Die Argumente, mit denen die Schülerinnen uns die Nutzlosigkeit des Abschluß-Papiers und ihrer wie unserer Anstrengungen nachweisen, verschlagen einem die Rede. Helfen könnte ihnen und uns nur eins: daß wir ihnen einen Ausbildungsplatz besorgen. Berufsvorstellungen und -wünsche haben sie alle – aber überhaupt keine Aussicht, diese zu erfüllen. Die Türkin F. zum Beispiel will Friseuse werden. Eigentlich kann sie ihren Beruf schon, hat sich das Wichtigste selbst beigebracht, übt es in der Familie aus, konnte es im Praktikum verfeinern. Eine Lehrstelle würde ihr der Chef des Friseurladens, in dem sie praktizierte, wohl gern geben, aber seine Kunden wollen sich nicht von einer Türkin frisieren lassen. Also darf sie allenfalls die Haare aufkehren und saubermachen.

Wenn wir eine *polis* wären, würden wir der Türkin F. sagen: „Du bist ab jetzt unsere Friseuse. Wir alle – Lehrer und Schüler der beiden Schulprojekte und möglichst auch deren Eltern – lassen uns von dir die Haare schneiden, die Frisur machen. Deinen Stand kannst du auf der Schulstraße eröffnen." Ich weiß, daß es in Deutschland eine Gewerbeaufsicht gibt, und Steuern soll F. auch nicht hinterziehen. Aber vielleicht würde sie angesichts dieses Angebots doch noch einen Abschluß machen, weil sie nicht an diesem Land verzweifelt; wir hätten dann andere Möglichkeiten, ihr weiterzuhelfen – und sei es mit einem Ausbildungsstipendium, das wir zusammenbetteln. Und dies gilt gleichermaßen für Autoreparatur, Gartenpflege, Hausreinigung, Flickschneiderei, Kopierarbeit, Buchbinderei etc. Wir könnten vielen Schülern Arbeit geben.

Die *polis* mit Gemeinsinn und Solidarität – das wäre der Zipfel der besseren Welt, die man erfahren haben muß, um die wirkliche Welt überhaupt besser machen zu wollen. Einem großen Auditorium in Berlin habe ich neulich vorgehalten: Wir, die Erwachsenen, hätten die nötige Zuversicht nicht mehr, die man braucht, um heute Kinder zur Zuversicht zu erziehen, die diese wiederum brauchen. Die Zuhörer haben nicht einmal gebuht. In der Tat: Wo in den von Erwachsenen geleiteten Schulen geschieht, was ich fordere und, was doch nur ein ganz normales Stück „Humanisierung" der Schule und unserer kleinen Welt wäre? Die Lehrer tun an unseren Schulen viel wichtige und gute Dinge. Aber auch das Gute kann vom Notwendigen und Möglichen ablenken.

Eine Partnerschaft mit einer Schule, die in Nicaragua unter Mühen entsteht, unterstütze ich vor allem als Bürger der im westlichen Bündnislager stehenden Bundesrepublik. Es geht darum, daß die „Verhältnisse" auf der Welt verändert werden, nicht nur die Regime ausgewechselt. Es geht auch um Solidarität mit einer notwendigen, aber in Not geratenen Revolution. Wer wäre hierfür ein besserer Partner als eine Schule? Aber für die Schüler bleibt Nicaragua so fern und abstrakt wie das alte Rom. Die Türkin F. liegt uns allen näher.

6. Ein Ort, an dem man mit einem Stück Natur leben kann

Hier ist nicht von Naturwissenschaft die Rede, sondern von Natur. Aus ihr hat sich der Mensch im Laufe der Jahrtausende herausgenommen – Schritt für Schritt und seit Rousseau mit dem Bewußtsein von dem damit auch verbundenen Verlust. „Dramatisch" kann man die Entwicklung eigentlich nicht nennen; nichts kommt unerwartet; die heutige ökologische Bewegung geht unter neuem Namen alte, wiewohl verschärfte Probleme an: Die Menschheit hat sich seit Beginn des Jahrhunderts mehr als verdoppelt; in einem Land wie der Bundesrepublik leben 32,7% der Bevölkerung in Städten über 100000 Einwohnern; in der gesamten Welt wird im Jahr 2000 die Zahl der Städte über 1 Million Einwohner auf 400 gestiegen sein, und viele von diesen haben heute schon über 10 Millionen Einwohner; in den USA produziert der Normalbürger im Jahr 600 kg Hausmüll; im Jahr 1986 sind in der Bundesrepublik über 25 Millionen Autos zugelassen; der Energieverbrauch beträgt bei uns ca. 6000 kg Kohle-Äquivalent (in den USA etwa doppelt soviel und in Bangla Desh den zweihundertsten Teil davon); von den Waldflächen, die 1975 die Erde bedeckten, werden bis zum Jahre 2000 nur noch 60% übrig sein.* – Und eben dies hat den Ruf, nein Schrei, nach Begrenzung des Wachstums veranlaßt. Hier will ich nicht darüber spekulieren, was getan werden muß, damit wir das Wachstum tatsächlich begrenzen. Ich stelle eine Hypothese auf und gebe in meiner Phantasie den Folgerungen statt, die man vernünftigerweise für die Schulen ziehen würde, wenn sie stimmt:

Wir sind auf Naturwissenschaft angewiesen. Alle Aufrufe, uns von dieser „verderblichen", „zerstörerischen", „inhumanen" Denkweise abzukehren, sind schiere Romantik. Aber wir können der Natur-Wissenschaft ein Korrektiv, eine „gegenhaltende Kraft" (Hans Freyer) entgegenstellen: Natur-Erfahrung. Damit ist ein vom Willen nach Beherrschung freier Umgang mit der übrigen Schöpfung gemeint. Daß wir uns diesen versagen, ist so unnötig wie folgenreich. Wenn ein Kind nie einen Samen gesät, die daraus entstehende Pflanze entdeckt und gehegt hat; wenn es nie einen Baum bestiegen, nie einen Bach gestaut, nie ein gefährliches und gefährdetes Feuer gemacht hat, nie einen Drachen hat steigen lassen; wenn es nie erlebt hat, wie Erwachsene ein Insekt retten, die Vögel im Garten beobachten, auf die Laute der Natur horchen, einen Waldweg säubern, einen Berg besteigen und dies genießen; wenn es nie ein Pferd angefaßt, gerochen, geritten hat; wenn es nie ein Tier hat besitzen dürfen (unter Umständen, die dem Tier Qualen und den anderen Menschen Belästigungen ersparen) – wie soll ihm die Erhaltung der Arten, das ökologische

* Diese Angaben entnehme ich dem Buch: Global 2000, Der Bericht an den Präsidenten, herausgegeben vom Council on Environmental Quality und dem U.S.-Außenministerium, Gerald O. Barney, Washington 1980, deutsche Ausgabe Frankfurt am Main 1980 (Zweitausendeins), S. 44, 61, 73, 515; und Arbeitskreis Chemische Industrie, Katalyse Umweltgruppe Köln e.V. (Hrsg.): Das Waldsterben. Ursachen, Folgen, Gegenmaßnahmen, Köln 1983, S. 252.

Gleichgewicht, „die Natur“, diese ungeheuerlichste Abstraktion aller Abstraktionen, am Herzen liegen.

Die Menschen werden immer nur dann für die Natur eintreten, wenn sie selber von den Folgen getroffen werden – und dann ist es in der Regel zu spät. Das Wort „Umweltschutz“ verrät, daß wir an uns selbst interessiert sind – an dem, was uns umgibt, nicht an dem, was für sich existiert. Welt- oder Weltenschutz hieße das. Nur wer die Schöpfung liebt, kann sie retten; nur wer sie kennt, kann sie (nicht die Idee von der Natur) lieben. Wir brauchen eine franziskanische Beziehung zur übrigen Welt, ohne daß wir das kunstvolle und nützliche Verfahren der „science“ – der Objektivierung – aufgeben.

Die Naturerfahrung ist so wichtig wie die Naturwissenschaft und muß, wenn sie dem einzelnen nicht mehr von allein zuteil wird, durch eine besondere Anstrengung zuwege gebracht werden. Soll dies – aus Mangel an anderen Gelegenheiten – an der Schule geschehen, muß der Schule ermöglicht werden, die Naturerfahrung zu ermöglichen.

Diese Forderung hat die Schule ursprünglich nicht etwa mißachtet, sie wurde früher anders erfüllt: Die Schüler lebten in einer von Natur umgebenen und durchdrungenen Welt. Die Schulstube war – wie die Stadt – eine winzige Enklave der Kultur. Ringsum war – für jeden in kurzer Zeit erreichbar – wenn nicht unberührte, so doch lebendige Natur. Und dies über Jahrtausende hin, so daß man ihren allmählichen Rückzug nicht wahrnahm. Noch meine eigene Kindheit in Landin über Rathenow im Havelland sah aus wie auf den Bildern von Brueghel. Wenn ich Ludwig Richters Illustrationen zu Grimms Märchen betrachtete, verlangten diese keine Übersetzung in die Gegenwart. Hund, Ziege, Esel gehörten zum Anblick der Menschheit wie Eiche, Buche, Birke, wie Roggen, Gerste, Hafer, wie Bach, Feldrain, Heideweg, wie „O Täler weit, o Höhen“ und „O schaurig ist’s, übers Moor zu gehen", wie „Die Ähren wogten sacht" und „Ich schnitt in seine Rinde", wie „Rausche, Fluß, das Thal entlang" und „Die Nachtigallen schlagen", wie „Die Lerche schwingt sich in die Luft" und „Aus den Wiesen steiget der weiße Nebel wunderbar". Lehrer Döring verhielt sich exakt wie der Lehrer in Fritz Koch-Gothas „Häschenschule": er warnte vor Kreuzottern, zeigte uns, wie man einen Bienenschwarm wieder einfängt, machte an der Tafel klar, wie ein Gewitter entsteht. Die Beziehung zwischen Frosch und Kaulquappe, Eber, Sau und Ferkel, Wildhege und Wildschaden, Großem Graben und Trockenlegung des Luchs, gelöschtem und ungelöschtem Kalk war uns durch tägliche Anschauung gegeben. Die Naturkunde erklärte und ordnete Dinge, die uns vertraut waren, sie brachte nichts anderes, Fernes und Fremdes herein. Mit dem, was man selber sehen kann, hielt sich Lehrer Döring nicht auf. Auf dem Gymnasium weitete sich der Horizont und traten „Analyse", „Gesetze", „Systeme" und eine Fachsprache hinzu, sie waren schon nicht mehr Natur, sondern Natur-Wissenschaft.

Natur als s.v.v. natürliche Lebenserscheinung kommt im Leben der heutigen Menschen weniger, für manche von ihnen gar nicht mehr vor. Sie ist eine beliebte Unterhaltung im Fernsehen. Die Knappheit des Lebensgutes „Natur" hat ihre Verwalter gefunden: der Tourismus verwandelt sie in Panorama, die Clubs machen daraus ein Sportgelände, die Heimgärtner verarbeiten sie zur aufgeräumten Idylle. – Was soll die Natur in der Schule? Wie könnte sie dort gedeihen, wie die pädagogischen Zwecke und Maßnahmen überleben?!

Nein, so ein schamloser Utopist, ein solcher Tor bin ich nicht, daß ich meine, „die Natur" lasse sich just an dieser Stelle retten. Es läßt sich aber (a) mit den Schulgegenständen „Natur" und „Naturwissenschaft" in einem anderen

Bewußtsein, in anderer Absicht umgehen und (b) ein Zipfel der Naturerfahrung fassen, an dem man festhält, bis man später selber mehr davon an sich zu ziehen vermag.

Der Unterricht sollte nicht mehr nur wie bei Lehrer Döring der notwendigen Erklärung der aus der Erfahrung bekannten Phänomene dienen; er sollte nicht mehr nur wie auf dem alten Gymnasium in die Einteilungen, Verfahren und „wichtigsten" Ergebnisse der Naturwissenschaft einführen; er sollte auch nicht die Natur zu einem „neuen Problemfeld" machen – neben Zahnpflege, Verhalten im Straßenverkehr, Bewerbung um eine Lehrstelle und Erkennung neofaschistischer Tendenzen in der Bundesrepublik. Die zwischen realistischer Einübung in widerständige Lebensformen (Ernährung ohne Zukker, Vermeidung von tierischen Fetten, Raucheraufklärung, Yoga, Selbst- und Körpererfahrung, Wintersport-Boykott zum Schutz der Gebirgslandschaft) einerseits und romantischer Kulturkritik andererseits schwankende Ökologie im Unterricht ersetzt die Naturerfahrung nicht, macht auch daraus wieder nur ein pädagogisches Pensum, eine moralische Kategorie, einen Anlaß für politische Pilatus-Wäsche oder ideologische Kämpfe. Diese sollten – so werden die Schüler sagen – die Erwachsenen gefälligst untereinander ausfechten.

Gemeint und in der einen oder anderen Form in fast jeder Schule erfüllbar ist etwas anderes, was ich an Beispielen aus der Bielefelder Laborschule illustrieren will:

- Dort gibt es einen „Zoo", einen Kleintier-Zoo natürlich: ungefähr 50 Kaninchen, Meerschweinchen, Hamster, Ratten, Mäuse; eine Voliere mit zwei Dutzend Vögeln; Terrarien mit Salamandern, Molchen, Eidechsen, Blindschleichen; Aquarien mit Wasserschildkröten, Fischen, Fröschen. Die Tiere erfüllen drei „Funktionen": Die Schüler beobachten sie – wovon sie leben, wie sie sich vermehren, wie sie worauf reagieren und so fort; die Schüler übernehmen Verantwortung, in der Regel für ein Tier oder für ein „Gehege", eine buchstäblich unerbittliche Verantwortung; die Schüler gehen eine enge, meist heftige Gefühlsbeziehung ein, in der sie Trost, Selbstbestätigung, Glück oder Heilung finden.

- Dort gibt es einen Bauspielplatz – ein Rohgelände von zwei bis drei Morgen, durch einen hohen und starken Maschendraht geschützt. Hier können sie Erdhöhlen bauen oder Blockhäuser oder Labyrinthe; hier können sie Feuer machen; hier können sie die paar Kubikmeter Wassers, die sich in einer Erdmulde gesammelt haben, in Rinnsale leiten, in Staubecken sammeln, zu Wasserfällen oder zu Pampe verarbeiten; hier experimentieren sie mit Zement, Lehmziegeln, Steinen aller Art, die sie behauen oder zersägen; hier erfahren sie Natur als Element, als Materie, als Widerstand für ihren Gestaltungswillen.
- Dort gibt es einen Schulgarten, in dessen einer Hälfte Beete mit allerlei Nutzpflanzen angelegt sind und in dessen anderer Hälfte ein eigentümliches Biotop entsteht: Tümpel, Schilf, Seerosen, Moose, mit allem, was dort gerne kreucht und fleucht. Es gibt ein Gewächshaus und zwei Bienenkästen und einen Kirschbaum, den ich im zweiten Jahr der Schule gepflanzt habe und der nun mit den Kindern elf Jahre gewachsen ist. Und es gibt seit Mai 1986 Probleme mit der Radioaktivität . . .

Nicht überall zu haben ist der Teutoburger Wald, der 300 Meter von der Schule entfernt beginnt. Von klein auf gehen die Schüler dorthin, sammeln Eicheln, Blätter, Hölzer, Käfer, Pilze; sie haben dort ihre „Lieblingsstelle"; sie klettern auf Bäume; sie liegen im Gras und essen ihre Stulle oder bekommen etwas vorgelesen . . .

Wichtig ist, daß dies keine „Sonderunternehmungen" sind, daß sie keine „Störung" des Unterrichtsalltags darstellen, sondern ein normaler Teil desselben sind – eine Mischung aus

„Comment“ („wir machen das so“, „einmal im 5. Schuljahr“, „immer wenn die Buchen ausschlagen“, „immer wenn der erste Schnee gefallen ist“), aus Freiwilligkeit (man wählt, wann man was mit wem tut), aus Selbstverpflichtung (sie gilt mehr als eine auferlegte Pflicht, ist begrenzt und zugleich erneuerbar) und aus „Nutzen“ (wenn die ersten Frühkartoffeln geerntet sind, werden sie in der Schulküche gekocht und mit Butter verzehrt – ein unglaubliches Fest!). Dies wird durch Exkursionen ergänzt (in jedem Jahr hat die Schule eine sogenannte „Intensivphase“, in der Dinge getan werden, die in einem normalen Stundenplan keinen Platz haben). Die meisten Stammgruppen oder Klassen nutzen dies für ein Stück Leben in der Natur: Arbeit auf einem Bauernhof, „Überleben“ im Walde (unter möglichst geringer Zuhilfenahme der Kultur), Erkundungsaufenthalt in einem Torfmoor oder auf einer Insel. Das unmittelbare, von Erklär- und Ordnungsdruck freie, liebhaberisch-spielerische Verhältnis zu den erreichbaren Natur-Erscheinungen tritt nicht gegen das systematisch-wissenschaftliche Verhältnis an, sondern gibt ihm einen starken Anstoß, einen guten Sinn und nicht zuletzt das Bewußtsein von Verantwortung: Es geht um etwas, was uns wichtig und lieb ist.

Eine solche Erfahrung mit und von der Natur fordert nicht notwendig mehr Zeit, wohl aber uneingeteilte Zeit – Zeit, die zur Disposition der Pädagogen steht und nicht schon vorbestimmtes Eigentum eines Faches ist. Ich fürchte, wir werden eher ein vernünftiges Verhältnis zur Natur bekommen als ein vernünftiges Verhältnis zu den Grundordnungen der Schule – damit sie so etwas zulassen.

7. Ein Ort, an dem man erfahren kann, wie man Frieden macht

Daß der Friede eine Überlebensbedingung der Menschheit geworden ist, bedarf keiner Bestätigung. Wieder (wie bei der Natur) geht es um eine Fundamentalfrage: ob der Mensch rechtzeitig lernt, sich den abstrakten Bedrohungssystemen zu entreißen, die die konkreten Vernichtungssysteme nach sich ziehen. Es geht um die Frage, ob die Menschen ihre Konflikte weiterhin durch „Sieg" zu lösen suchen oder zu anderen Lösungen fähig werden. So rührt das Überleben des Menschen an die Natur der Menschen, so wird aus einer Frage an die Politik eine Frage an die Anthropologie.

Meine hypothetische Antwort ist: Wenn es überhaupt eine Aussicht gibt, daß der Mensch dies lernt, dann, wenn es zum Gesetz des täglichen Lebens des einzelnen wird und nicht nur in der großen Politik gilt. Darum muß die Gesellschaft eine systematische Anstrengung machen, den folgenden Generationen die Erfahrungen zu ermöglichen, die ich in der Überschrift als die siebente Lernbedingung formuliert habe. Wie ich im voraufgehenden Kapitel Naturerfahrung und Naturwissenschaft nicht als Alternative aufgestellt habe, so hier auch nicht Friedenserfahrung und Friedenspolitik. Ich halte fest an dem, was ich oft gesagt, geschrieben und begründet habe: Friedenserziehung ist in erster Linie Erziehung zur Politik. Aber Friedenserfahrung ist eine von deren (mißachteten) Bedingungen. Diese Erfahrung ist an deutschen pädagogischen Anstalten so schwer zu verwirklichen, weil man in ihnen immer schon in einer Art Zwangsfrieden lebt. Streit wird durch vorgängige Ordnung und höhere Anordnung unterbunden. Damit verwehrt man dem jungen Menschen das elementare Erlebnis, daß Frieden nicht der „natürliche" Zustand ist, der durch mutwilligen oder versehentlichen Konflikt und schließlich durch dessen gewalttätigen und systematischen Austrag (Krieg) unterbrochen wird. Man verwehrt ihm die Erfahrung, daß Frieden immer neu gemacht – geschaffen, nicht nur geschlossen – werden muß, und wie schwer das ist. Man verwehrt ihm auch die Erfahrung, daß Frieden ein nicht immer nur erfreulicher Zustand ist, den man schon vor allem daran erkennt, wie zufrieden man ist. Die Sehnsucht nach dem Frieden ist nie größer als im Krieg. Umgekehrt schichten wir im Frieden den Unmutshaufen, den wir im Kriege, den wir mit Krieg abzubrennen hoffen. Und schließlich verwehrt man ihm die Erfahrung, daß die Anstrengungen des Friedens für uns, für unser Glück unternommen werden – um so mehr zu unserem Glück, je weniger dabei vom Anlaß des Streites geopfert werden muß.

Wir werden in der Welt gewiß nicht schon dadurch Frieden haben, daß wir in der Schule Streit zulassen und lernen, wie man diesen wirksam und sinnvoll beendet. Die Konflikttheorie, die in den 60er Jahren viele deutsche Richtlinien beherrschte, baute auf der Hoffnung auf: wenn man den Scheinfrieden beende – die strukturelle Gewalt, die repressive Toleranz, die Herrschaft des positiven (Un)Rechts, das Gehorsams-, Ohnmachts- und Ordnungssyndrom des deutschen Bürgers – werde sich der wirkliche Friede einstellen, dann erst habe er eine Chance. Man zog damals späte Lehren aus der Geschichte, insbesondere der sogenannten „jüngsten", mit der noch immer der Nationalsozialismus gemeint ist. Eine Generation, die sich darin nicht mehr nur bloßgestellt zu sehen fürchtete, las „The Authoritarian Personality" und verband dies mit der Verheißung aus Summerhill und den Theorien von der familialen und gesellschaftlichen Verursachung der Aggressivität: Solange der Klassenkampf nicht ausgetragen ist, hören die Nationalkriege nicht auf; solange Interessenkampf nicht erlaubt, bejaht, eingeübt wird, bleibt es bei der Ausbeutung; solange ich mich als Person nicht befreit (emanzipiert) habe, werde ich nicht einmal wissen, welcher Unterdrückung ich in meinem „Stand" – als Frau, Student, Lohnabhängiger, Katholik, Homosexueller, Gastarbeiter etc. – noch unterliege. Die auf Herrschaft beruhende Ordnung ist allemal „kriegsträchtig".

Dies alles war weder unbegründet noch dumm, aber offenbar ungenügend. Der Unfriede hat seit der Verkündigung und Beherzigung dieser Lehre objektiv weder in unserer Gesellschaft noch in der Welt abgenommen, subjektiv hat er sich wohl vermehrt: Angst, Mißtrauen, Abgrenzungsbedürfnisse, Rechthaberei – die Elemente dessen, was man früher „Unfrieden der Seele" genannt hätte. Wer aber in gereizter Atmosphäre groß wird, wer immer im persönlichen und sozialen „Kampfdienst" steht, wer sich nie Frieden gönnen darf ohne die Vorstellung, jetzt habe er sich unterworfen – dem ist am Ende der Friede nichts wert. Ja, das Vermögen, Konflikte *ad libitum* auszulösen und zu entladen, kann selbst so lustvoll werden, daß man weder merkt, wie qualvoll dies für andere ist noch wie sich daraus die große „Gegenrevolution" der bis dahin schweigenden Mehrheit braut. Konfliktfähigkeit ist eine wichtige und schwierige Tugend, wenn sie das Gegenteil von Duckmäusertum, Überzeugungsschwäche, Bequemlichkeit, Beschwichtigung ist – und bewußt! Früher nannte man das Zivilcourage. Zivilcourage mit der Fähigkeit zu geordnetem Austrag, könnte man heute sagen, also mit der Fähigkeit und Kraft zur Konflikt*lösung*. Ohne diese ist die Konfliktfähigkeit eine eitle Errungenschaft – im doppelten Sinn des Wortes „eitel“. Friedensfähigkeit erscheint mir als die richtigere, umfassendere, eigentlich gemeinte Tugend. Mit ihr drücke ich aus, daß es um eine entschlossene und kunstreiche Tat geht, nicht nur um eine liebenswürdige Gesinnung, die Friedfertigkeit; Friedensfähigkeit verlangt, daß man mit dem Konflikt, mit Spannungen, mit unvollkommenen Zuständen rechnet, an deren Aufhebung oder Milderung es dauerhaft zu arbeiten gilt.

Wenn Frieden das Lösen von Spannung ist, dann wird man ihn vollends nicht erfahren – und lernen –, wenn man die Spannungen verbannt. In den Parolen an den Wänden von Schulklos – „Türken raus“, „Nieder mit den roten Verrätern“, „Sigi ist ein schwules Schwein“ – melden sie sich zum Austrag. Meist freilich werden die Zeichen vom Hausmeister überstrichen oder mit Farblöser entfernt.

Wir haben rund 500 000 schulpflichtige junge Ausländer unter uns. Bei rund 9,5 Millionen deutscher Schüler sind das 5%. Ließe sich in den Schulen der Gebiete, in denen die Ausländer aus vielerlei Gründen geballt leben, wenigstens ein Mischverhältnis von 1 : 5 herstellen, eines, in dem die Ausländer zahlreich genug sind, um nicht Angst haben zu müssen, und nicht so zahlreich, daß die Deutschen sich „bedroht“ fühlen, dann wäre dies ein großer Gewinn für das, was die Schule überhaupt soll: zum Bürger in einer pluralen Gesellschaft erziehen. Das *kann* sie gar nicht in den kunstvoll sortierten Schülerschaften unseres dreigliedrigen Systems und in den strengen

Altersklassen. Das *könnte* sie wohl, wenn die Schulbezirke so angelegt wären, daß jeder von klein auf Menschen von sehr anderer Art kennenlernt, mit denen man gleichwohl gut zusammen leben, lernen, spielen, arbeiten kann.

Ich meine, in der heutigen Welt sollte jede Schule versuchen, auch international zu sein und bereit, für die „Fremden" die nötigen Ausnahmen zu machen.

Die Anlässe für die Erfahrung von Verschiedenheit und vom Kampf um das Eigenleben sind anders in einer Schule, die geschlossene Klassenzimmer hat, als in einer Großraumschule, anders in einer Schule, in der die Schüler nach Leistung und Alter verlesen sind, als in einer Schule mit gemischten Gruppen, anders in reinen Gymnasien oder Hauptschulen als in einer Gesamtschule, anders in Halbtagsschulen als in Ganztagsschulen. In den komplexeren Gebilden sind die Konflikte vielfältiger, natürlicher und weniger bedrohlich. Sie verlangen unmittelbar nach Austrag oder Lösung. Sie werden immer auch von anderen und anderem mit aufgefangen. Streit zwischen Größeren und Kleineren um den Flipper zum Beispiel: Da gibt es das *public eye* – die Schulöffentlichkeit, die ganz Großen, die den Kleinen zu ihrem Recht verhelfen; da gibt es Besprechungen in der Betreuungsstunde, einen Vorschlag für eine Zeitenregelung, bewährte Schiedsrichter; da gibt es den Lehrer, der sich bereitfindet, seine Schüler in Vierergruppen oder Doppelpaaren während seiner „Unterrichtszeit" an dem begehrten Gerät spielen zu lassen, weil sie ohnedies individuelle Aufgaben und Termine haben und statt diese jetzt in der Bibliothek oder in der Werkstatt zu erledigen, dies ebensogut in der 30-Minuten-Pause oder in der Mittagszeit machen können, wenn der Ansturm auf den Flipper beginnt. – Was ist Frieden denn anderes als (a) Vereinbarungen über Nutzungsrechte und (b) das Ausweichen auf andere Möglichkeiten?

8. Ein Ort, an dem die Frage nach dem Sinn gestellt werden kann – und gestellt wird

Die Frage nach dem Sinn stellt sich ein, wo er vermißt oder verfehlt wird. Insofern muß man nicht eigens dafür sorgen, daß die Menschen ihr nachgehen. Aber sie tun es mit Ungeduld. Geübt in der Überzeugung, daß so gut wie alles wißbar und machbar ist, suchen sie nach einer direkten und direkt in ein Programm umsetzbaren Antwort. Wie einem Mangel, dem man abhelfen muß, gehen sie der Frage nach dem Sinn zuleibe und verfehlen damit deren Sinn. Denn wo sich diese Frage im Ernst stellt, ist in der Regel mehr gefordert als eine „Auskunft". Man muß sein Leben ändern.

Die Frage nach dem Sinn – nicht nur einer Maßnahme (sagen wir: der Abschreckungsstrategie), nicht nur eines Prinzips (sagen wir: der Zeitersparnis), nicht nur eines Kulturideals (sagen wir: des Fortschritts), sondern des Lebens überhaupt – führt in die Gefilde der Religion. Für sie ist der säkulare Staat nicht zuständig. Er fungiert als Erfüllungsgehilfe für die großen Kirchen, wenn er Religionsunterricht in den Stundenplan der öffentlichen Schulen aufnimmt und examinierte und beamtete Religionslehrer bereitstellt, für die es dann natürlich auch Richtlinien gibt. Aber wer nicht will, muß an diesem Unterricht nicht teilnehmen. Die Fragen, die der Religionsunterricht behandelt, sind offenbar entweder für die gemeinsame allgemeine Bildung entbehrlich oder sollen in den anderen Fächern auch vorkommen: in der Geschichte, in der Literatur, in der Biologie, in den wissenschaftstheoretischen Abschnitten der Physik. Fraglos *können* hier überall Ursprung und Ziel, Maß und Grund, Auftrag und Sinn des Menschen, der Dinge, der Welt zur Sprache kommen. Aber da es sich um wissenschaftlichen Unterricht handelt, doch nur zufällig und in der Form einer Abgrenzung. Je älter die Schüler werden und je tiefer die Fragen greifen, um so weniger wird sich der Sachunterricht auf sie einlassen. Ja, der in einigen deutschen Ländern statt des Religionsunterrichts eingerichtete Ethikunterricht *kann* kein Ersatz für diese Dimension des menschlichen Fragens sein – und ist auch juristisch angefochten.

Denn in der Ethik geht es nicht um den Sinn einer Handlung, eines Tatbestands, eines Ereignisses, sondern um „Gut" und „Böse", die diesseits unserer Frage liegen: Gut und Böse können gleichermaßen sinnvoll oder sinnlos sein. Darüber entscheiden der Glauben – eine vorgegebene Wahrheit – oder die Form vernünftigen Nachdenkens, die wir Philosophie nennen.

Welche „Bedingung" könnte, wenn nicht sichern, so doch ermöglichen und fördern, daß Menschen lernen, auch dies zu tun: nach dem Sinn zu fragen – dem Sinn des eigenen Handelns (also des persönlichen „Heils") wie des von Menschen kollektiv hervorgebrachten Geschehens (also der „Geschichte") wie der gegebenen Existenz (also des Zusammenhangs, der mythologisch „Schöpfung" heißt)? Denn wenn wir danach nicht fragen oder nur dann fragen, wenn uns der Unsinn oder Wahn-sinn der Ereignisse dies aufnötigt, werden wir zu Treibholz auf dem Strom der Entwicklungen. Bildung hätte ihren wichtigsten Zweck verfehlt: uns zu Subjekten zu machen.

Hilfreich, aber ungenügend ist ein sokratischer Unterricht (den ich unter Ziffer 3 behandelt habe). Er lehrt, die Fragen „woher", „warum", „wozu" beharrlich und bei jeder Gelegenheit zu stellen. Aber Sokrates selber war Ethiker und Logiker, am richtigen Handeln und am richtigen Denken interessiert. Den Sinn setzte er voraus: gottgefällig zu leben. Was das sei, war ihm in seiner Frömmigkeit gegeben. Die Frage nach dem Sinn überließ er, wie wir sagen würden, dem Leben – der Ordnung der Welt (κόσμος) und dem Geschick / der Fügung (εἱμαρμένη) oder dem Gott. Wir sind wieder bei der Religion.

Der Religionsunterricht scheint mir ein unentbehrlicher Bestandteil einer modernen Bildung zu sein, auch wenn man nicht „glaubt". An der biblischen Geschichte, von der ich mir vorstelle, daß sie im 3. und 4. Schuljahr (wenn die Schüler acht und neun Jahre alt sind) einmal ganz erzählt wird, lassen sich alle wichtigen Lebens-Sinn-Fragen stellen und kann erfahren werden, wie schwer beides ist: sie zu beantworten und sie offen zu lassen. Zweifel und Gewißheit und die gegenseitige Beunruhigung beider beschäftigen die kleinen Gläubigen und die kleinen Aufklärer in diesem Alter gleichermaßen. Ich zitiere aus einem Bericht in einer 3. Klasse:

„Im zweiten Halbjahr haben wir die Geschichte des Alten Testaments von Gideon und Simson bis zu Nebukadnezar und Belsazar, also bis zum Exil der Juden und ihrer Rückkehr nach 49 Jahren behandelt: nach der Zeit der Väter und Führer (Abraham, Isaak, Jakob, Joseph, Moses) die Zeit der Richter und Könige (Saul, David, Salomon) und schließlich die der Propheten (Elia, Jona, Jesaja, Jeremia, Hesekiel, Daniel).

Die Kinder haben nicht nur dramatische oder wundersame

oder besinnliche Geschichten gehört und behandelt (Der Verrat Simsons durch Dalila; Gottes Wunder zur Bestätigung von Gideons Auftrag; die Freundschaft zwischen Jonathan und David; die Tötung Goliaths; der Raub der Bundeslade durch die Philister; Davids Unrecht an Uriah und Bathseba; Absaloms Aufstand und Tod; das Urteil des Salomon; der Tempelbau und der Besuch der Königin von Saba; Jonas Flucht vor Gott, der Wal und die Rettung Ninives; Daniel in der Löwengrube), sie haben auch über verschiedene Formen und Funktionen von Herrschaft nachgedacht – zunächst aufgrund der Bedürfnisse, die Herrschaft erfüllt: das Schutzbedürfnis (der Herrscher muß Heere führen können und über militärische Macht verfügen), das Gerechtigkeitsbedürfnis (der Herrscher muß lebensklug, eben gerecht sein und über Ansehen verfügen), die wirtschaftlichen Bedürfnisse (die Herrschenden müssen mehr produzieren können, als sie selbst brauchen, also Ländereien haben, Knechte, Handelsflotten, Karawanen, Lager, Gold), die seelischen Bedürfnisse (die Herrscher müssen Gottes Willen wissen, so daß sie dem Volk sagen können, wann es im Recht und wann es im Unrecht ist). Herrschaftskritik folgt dann zunächst aus dem Mißbrauch, aber auch aus dem Widerstreit dieser Herrschaftsmöglichkeiten.

Die Schüler haben folglich über die Gefahren und Vorteile des Königtums, über die Rivalität zwischen Königen und Priestern, über die Aufgaben (und Voraussetzungen) des Prophetentums gesprochen und nachgedacht; sie haben immer wieder die Frage gestellt: Was eigentlich ‚lenkt' die Geschicke – was meinen die Menschen, wenn sie sagen ‚das hat Gott gewollt' oder ‚gemacht' oder ‚verursacht'? Sie haben auch ‚miterlebt', was es heißt, ‚ein Volk' zu sein, – an einem überschaubaren Schicksal und an der Wahrnehmung der Mitglieder dieses Volkes."

Vergleiche mit anderen Erklärungen, anderen Mythen, anderen Dogmen – und deren vorläufige Unterscheidung – setzen diese Denkbewegung fort. Später mündet dies in methodische Kritik und Ordnungsprozesse, die wir Philosophie nennen und die einen immer schon wahrgenommenen Zusammenhang unter den Schulgegenständen / den Fächern systematisch herstellt: Offenbart Geschichte einen Sinn? „Sind" die Muster, die wir sehen, „da", oder legen wir sie in die Dinge hinein (Heilsgeschichte, *decline and fall*, Kulturzyklen, eine Abfolge von Klassenkämpfen, Evolution etc.)? Ist der Mensch Teil eines großen Haushalts (οἶκος)? Ist sein *dominium terrae* rechtens – nicht nur theologisch, sondern darwinistisch legitimiert – oder nur der Anfang unseres Übels? Wenn er Teil der Natur ist, was – außer der möglichen Selbstvernichtung – ist gegen Kampf und Krieg einzuwenden, was ist der „tiefere" Grund für eine „höhere" Moral? Wie verhält sich die Ethik der Menschen zur Ästhetik der Schöpfung? Was bedeuten meine Existenz, meine Werke, meine Entscheidungen in der natürlichen, in der sittlichen, in der ästhetischen Welt? Wer – außer mir – ist verantwortlich für mein Glück?

Diese Fragen kann der Unterricht nicht beantworten. Nichts wäre tödlicher für die philosophische Bildung als das. Aber eine von der Wissenschaft gespeiste Schule, die nicht immer wieder an die Grenzen der wissenschaftlichen Erkenntnisweise stößt, verfehlt gerade deren Wissenschaftlichkeit: diese ist durch die Strenge des Methodenbewußtseins und damit des Bewußtseins von dem, was *sie* sein lassen muß, bestimmt. Die Fülle dessen, was wir mit wissenschaftlicher Gewißheit wissen, vermehrt an ihrer sich erweiternden Front zugleich die Fülle des so nicht Wißbaren. Die verkehrteste Weise, damit umzugehen, scheint mir, es *überhaupt* sein zu lassen; die richtigste Weise, damit umzugehen, scheint mir, es zum Gespräch der *polis* zu machen.

Dieses öffentliche Gespräch beginnt – mit Selbstverständlichkeit – in der öffentlichen Schule und dort am ersten Tag. – Könnte diese Formel nicht das nötige Gegengewicht zu der Feststellung sein, daß die „Schule ein notwendiger Aufenthaltsort für Kinder“ geworden ist? Wäre dies nicht der Auftrag, der die Bildung davor bewahrt, in der Sozialisation aufzugehen, ja, der diese Bildung neu belebt und kräftigt im Zeitalter des Computers, des unbeschränkt anhäufbaren und beliebig abrufbaren Wissens?

Soweit die exemplarischen „Lernbedingungen“, von denen ich meine, daß sie erfüllt sein müssen, wenn die Schule wieder eine pädagogische Anstalt werden soll. Im Grunde ist dies ein neuer „Verfahrensvorschlag“ – einer, der gewiß eine Fülle neuer Schwierigkeiten enthält, dafür aber einen wohl von fast allen als sinnlos erkannten Streit zwischen sogenannten Progressiven und sogenannten Konservativen überflüssig zu machen geeignet ist. Mit dem Wort „Humanisierung“ können die „Linken“ wie die „Rechten“ einlenken und sich vielleicht auf eine „Rückkehr zur Pädagogik“ einigen. Davon sind heute alle Schulen so weit entfernt, daß ein Streit darum, wer diesem Ziel näher ist als der andere, sich nicht lohnt. Freilich, wer nicht zustimmt, daß die Schule in erster Linie eine pädagogische Einrichtung ist, und wer nicht eingesteht, daß sie wohl noch nie so weit von dieser Bestimmung entfernt gewesen ist wie heute, der wird mit diesem Verfahrensvorschlag nichts anfangen können und sich also weiter über Zugangsberechtigungen, Leistungsmessungen, Stundentafeln, Lehrdeputate und das Recht auf die Wahl zwischen Hauptschule, Realschule und Gymnasium streiten. Und auch wer eine Organisationsform, nämlich die der Gesamtschule, für entscheidend hält, wird sich hier abkehren – erleichtert in dem Bewußtsein, daß er sich durch Hentigs Argumente nicht weiter beunruhigen lassen muß.

Wenn ich statt „Reform“ lieber „Veränderung von Schule“ sage, wenn ich hier scheinbar die gewohnte und gebotene Hilfe der Wissenschaft ausschlage, wenn ich eine Anlehnung an die Erste Reform und ihre bildungs- und gesellschaftspolitischen Ziele nicht suche, dann nicht, weil ich „weniger“ will, weil ich verzagt bin oder weil ich glaube, daß andere Grund hätten, es zu sein. Ich möchte die notwendige Reform fortführen wie nie zuvor. Aber ich will die Streitlast, die die letzten zwei Jahrzehnte dieser Bewegung aufgeladen haben, nicht mitschleppen müssen. Die notwendigste Reform ist die permanente: der beständige Kampf gegen die „Un-Pädagogik", die in Leopold von Wieses „Kadettenjahren" herrscht, gegen die Barbarei der „Mädchen in Uniform", gegen die Verängstigung und Vergewaltigung Hannos durch den verabsolutierten Stoff, gegen die moralische Unterdrückung von „Fanny und Alexander", die allesamt getarnt oder abgewandelt in heutigen Institutionen, Idealen und Personen weiterleben.

Eine „humane Schule" ist in erster Linie eine Schule, die die in ihr lebenden und lernenden Menschen achtet. Aber das genügt nicht zur Korrektur des Zwecks der gesellschaftlichen Einrichtung Schule selbst. Diese braucht einen härteren und zugleich weiteren Maßstab. Der liegt in der Pädagogik. Sie ist die Bemühung, Kindern zu helfen, in der jeweiligen Gesellschaft erwachsen zu werden und in diesem Vorgang sich selbst zu bewahren. Das ist ein viel strengerer Maßstab, als die politische und ideologische Diskussion erkennen läßt. Deutlich wird dies vor allem in der Verneinung: Zweck der Schule ist also nicht, Menschen zu machen, die unseren Verhältnissen bekömmlich sind; es ist auch nicht ihr Zweck, Schonraum für die Gattung *homo infantilis ad se ipsum accommodatus* zu sein.

Gemeinsame Gegnerschaft gegen die Verzerrung und den Mißbrauch des Auftrags der Schule führt noch nicht zu gemeinsamer Pädagogik, aber immerhin fort von falschen Konfrontationen. Wenn das Wort „Humanisierung" dabei hilft, sei es geduldet. Den pädagogischen Auftrag klärt es nicht.

Verwendete Literatur

Arbeitskreis Chemische Industrie / Katalyse Umweltgruppe Köln e.V. (Hrsg.): Das Waldsterben. Ursachen, Folgen, Gegenmaßnahmen, Köln 1983 (Kölner Volksblatt Verlag).

Council of Environmental Quality / Department of State, Gerald O. Barney (Hrsg.): The Global 2000 Report to the President. Entering the 21. Century, Harmondsworth 1982 (Penguin). Dt.: Global 2000. Der Bericht an den Präsidenten, Frankfurt a. M. 1980 (Zweitausendeins).

Gemeinnützige Gesellschaft Gesamtschule e.V.: Einladungstext zu einem Forum „Die Zukunft vorbereiten – Gesamtschule“ in Bonn am 17. 9. 1985.

Grass, Günter: Kopfgeburten oder die Deutschen sterben aus, Neuwied 1980 (Luchterhand).

Gribble, David: Considering Children, London 1985 (Dorling Kindersley Limited).

von Hentig, Hartmut: Systemzwang und Selbstbestimmung. Über die Bedingungen der Gesamtschule in der Industriegesellschaft, 1. Aufl., Stuttgart 1968, 2. Aufl. 1969 (Ernst Klett).

von Hentig, Hartmut: Was ist eine humane Schule?, Drei Vorträge, München/Wien 1976 (Carl Hanser).

von Hentig, Hartmut: Aufwachsen in Vernunft. Kommentare

zur Dialektik der Bildungsreform, Stuttgart 1981 (Klett-Cotta).
von Hentig, Hartmut: Die Menschen stärken, die Sachen klären. Ein Plädoyer für die Wiederherstellung der Aufklärung, Stuttgart 1985 (Reclam).
Klemm, Klaus / Rolff, Hans-Günter / Tillmann, Klaus-Jürgen: Bildung für das Jahr 2000. Bilanz der Reform, Zukunft der Schule, hrsg. von der Max-Träger-Stiftung, Reinbek bei Hamburg 1985 (Rowohlt).
Young, Michael: The Rise of the Meritocracy 1870–2033. An Essay on Education and Equality, London 1958 (Thames and Hudson). Dt.: Es lebe die Ungleichheit. Auf dem Wege zur Meritokratie, Düsseldorf 1961 (Econ).